私の好きな「料理道具」と「食材」

渡辺有子

ＰＨＰ研究所

はじめに

この春、料理教室をはじめるために小さなアトリエを持ちました。キッチンをはじめから整えることは、ずいぶん久しぶりのこと。

清々しい風が流れたように感じました。新たにアトリエで使うための料理道具、料理教室で使う食材、それらを改めて見つめ、新しいいものを見つける、いい機会となりました。

使いやすいと思っていた料理道具だけれど、本当にそう？　もっといいものはない？　と自問しながらの作業。道具は、一度買ったらなかなか替えることができないものだからこそ、長く使えるものをじっくり選びたいもの。今、選んだ道具の使い心地と、その道具を使ったレシピとともにお伝えします。

また食材は私にとって、常に新しい味や知らなかった味を探している、終わりのない旅のようなもの。日頃、愛用しているものから、新たに知ったおいしいものまで。旅の途中の今いるところから、お気に入りのものをご紹介します。

私の好きな料理道具と食材を通して、あなたのキッチンに新しい風がふいたら、うれしいです。

もくじ

お気に入りの食材

本書レシピの計量単位は、
カップ1＝200㎖、大さじ1＝15㎖、小さじ1＝5㎖です。

お気に入りの
料理道具

ZWILLING
J.A. HENCKELS
TWIN CERMAX M66
MICRO CARBIDE STEEL
30860-160 CRYODUR

包丁とまな板

研いだばかりの包丁の切れ味のよさを知ると、切れない包丁ほど気持ちの悪いものはありません。切れる包丁で切ると、スッスッとスムーズに流れにのる気持ちよさがあります。野菜がまるでペタッと張り付くようで、切ったそばから瑞々しさがあり、同じ大根やにんじんでも包丁の切れる切れないで、味までもがまったく違うものになるのです。舌触りが変わるので当然といえばそうなのですが、味は調味料だけで決まるのではないのです。

包丁の切れ味は研ぎによって格段に変わりますが、使いやすい、切りやすい包丁は？　というとある程度、重さがあるものがいいと思います。持ち手に重みがあってにぎりやすいもの。軽すぎると切っていて手首やにぎっている手のひらがとても疲れてしまいます。自分の手に合ったものを選ぶことはとても大事なことだと思います。

では、まな板は？　というと、包丁をおろした時に当たりがやわらかいものを選ぶようにしています。やわらかい木で、少し厚みのあるもの。

形状は丸いものもオススメです。最近、私はもっぱら「照宝」の丸形を使っています。クルリと方向を変えることができて、しょうがやにんにくの薬味など少量のものをいろいろ切る時など作業がしやすいことや、広がりやすい大きめの野菜、たとえばブロッコリーやキャベツなどを切るのは長方形より丸形の方が、幅が広く、外にこぼれてしまわないので、効率もよいと感じています。

　また、まな板は厚みがきちんとある方が包丁をおろした時に具合がいいものです。下敷きのように薄いものもありますが包丁の刃が硬い台にあたってしまって、うまく切れないように思います。木のまな板の使い心地はやはり、いいものです。

干し柿と大根のなますサラダ

材料（2〜3人分）
大根……細1/4本
にんじん……1/2本
干し柿……15g
酢……大さじ1・1/2
きび砂糖……小さじ1
塩……適量

①よく切れる包丁で大根の長さを半分に切り、縦薄切りにして細切りにする。にんじんも大根と同じ長さにして細切りにする。干し柿も細めに切る。
②ボウルに大根とにんじんを合わせ、塩を軽くふって水分が出てなじむまで、しばらくおく。
③出た水分を軽くすて、干し柿、酢、きび砂糖を加えて和えてさらになじませる。

クリステルの浅鍋

従来の深めのクリステルのお鍋は茹でる、煮る、蒸す、なにをするにもこれ、というくらい私の日々の道具として大活躍。直径14㎝の小さいサイズから2㎝刻みで6サイズが入れ子にできるので収納時もコンパクトです。長年、家でも使っていますが、料理教室でもまずはこのお鍋がないとはじまらない！　ということで、基本のお鍋として新調しました。

特に、14㎝の一番小さいサイズは家でも大活躍しています。毎朝の茹で卵を作る時にも、夜ごはんに残った煮込みものを温め直しする時にもこのサイズが重宝していて、2個持っていたいくらい。小さくて軽いので残りものを鍋ごと冷蔵庫に入れておくこともでき、とても便利なのです。

そして最近、私のキッチンにも浅いタイプが登場。これがまたなんと使い勝手のよいことでしょう。魚を煮る、野菜や乾物を煮るなどの水分量の少なくてすむ煮炊きの時にとても便利。また浅い分、口径が広く感じられ、練りのばしていくようなクリーム状のもの、たとえばホワイトソースやカスタードクリームのようなものを作る時にもヘラを動かしやすいのです。クリーミィなものは弱めの火でじっくり様子を見ながらがお約束。そうなると深くて中が見えにくい鍋よりも広くて浅い方が断然、作業動作がスムーズで、ストレスを感じません。

アスパラガスやトウモロコシのような長めの野菜を茹でるというような、そんなにたくさんのお湯がいらない時にも。鍋底の厚みはしっかりあって機能面でも頼りになり、それでいて軽さもあって、入れ子になる。収納までもが機能として成立しているので、基本の鍋として揃えるのに、とても優れていると思います。日々の道具として使い勝手のよさを実感しています。

ホワイトグラタン

材料（2人分）
ホタテ貝柱缶詰……160g
バター……30g
薄力粉……大さじ3
牛乳……240mℓ
マカロニ……80g
塩、胡椒……各適量
粉チーズ……適量

①マカロニはたっぷりの湯に塩を加えて表示通りに茹で、水気をきる。
②クリステルの浅鍋にバターを入れ弱火にかけて溶かし、薄力粉を加え粉っぽさがなくなるまで木べらでよく混ぜる。
③牛乳を少しずつ加えてその都度よく混ぜ、全量加えるまで混ぜ続ける。
④ホタテを缶汁ごと加え、ざっと全体を混ぜる。
⑤④に①を加えて混ぜ、塩、胡椒で味をととのえる。
⑥耐熱皿に入れて、粉チーズをふり、温めたトースターかオーブンで焼き目がつくまで12～15分焼く。

STAUB
STAUB

ストウブの鍋

厚手の鍋といえばストウブというくらい、我が家でもアトリエのキッチンでも日々、使っています。すでにいくつ持っているでしょうか……。色はすべてグレーで揃えています。ストウブの鍋のよさは小さめのサイズの使い勝手のよさにあります。どうしても重いので、大きいサイズのものはここぞ、という時に使う程度ですが、小さめの16㎝や18㎝のサイズは重たいというよりは日々に使える手軽さがあります。

野菜を蒸し焼きにしたり、スープを作ったりと、毎日の食事作りで登場しない日はありません。

少ない水分で素材に火を通していけるのは調理法としてとても魅力です。このことで素材の味が充分に引き出されて素材本来の味、それ以上の味わいになってくれるのです。

新春になると楽しみにしている菜の花が出てきます。菜の花は色よく仕上げて、青々とした味もほろ苦さがあっておいしいですが、くったりするまで火を通した味もまたおいしいものです。とろりとした菜の花はやわらかなソースのようでパスタにからめてもいいですし、表面を軽く焼いた少し酸味のあるパンにのせてもよく合います。少ない水分や油分で素材に火を通していく味わいを楽しめるひと皿です。

塊のお肉などもストウブの鍋にかかれば、しっとりとやわらかく仕上がります。豚の塊肉とレンコンやさつまいもなどの根菜を一緒に入れてワインで蒸し焼きにするだけで、ご馳走になります。

ストウブの鍋に素材を入れておけば、後はお鍋の中で、おいしくしてくれます。まるで、魔法をかけたよう。そんな気がしてならないほど、あまり手を加えていないのに、仕上がりはいつも、上々なのです。

菜の花のオイル煮

材料（作りやすい分量）
菜の花……1束
にんにく……1/3かけ
アーモンド……15g
オリーブオイル……75mℓ
粗塩……適量

①菜の花は3等分長さに切る。にんにくはたたく。アーモンドは粗めに刻む。
②ストウブ鍋に①を入れ粗塩ふたつまみをふってオリーブオイルをまわしかけ、フタをする。
③弱火でじっくり火を通す。途中で全体を混ぜて20分ほど焦げないように蒸し煮にする。アーモンドを加え味をみて足りなければ粗塩をふる。
※カンパーニュやライブレッドなど、少し重めのパンを合わせる。

フタ付きのミニ鉄フライパン

フタ付きの小さなフライパンは卵料理によく使っています。具材の量にもよりますが、2個か3個の卵を割りほぐして流し入れ、焼き目をつける。フタをしてゆっくり弱火で蒸すように火を通す。こんなふうに、焼くと蒸すとの両方ができて、2人分の卵料理に、もってこいのサイズなのです。

春ならアスパラガスやグリーンピースを入れて緑と黄色のきれいな卵焼きを、夏には赤いパプリカやトマトを加えて元気な色の卵焼きを。冬には切り干し大根の卵焼き。こんなふうに、ふわふわの卵焼きが季節でいろいろと楽しめるフライパンです。もちろん、卵焼き専用ではないのですけどね……。

朝ごはんに、1人分のソーセージと目玉焼きにもじつは重宝しています。ソーセージにはパリッとジューシーな焼き目がつきます。これは鉄のフライパンならでは。香ばしい焼き目も大事な味のうちです。目玉焼きも外側の白身のところがカリカリになって、黄身は半熟仕上げになり、見た目にもおいしそうな仕上がりに。そしてこのひとり用サイズのフタ付きフライパンは晩ごはんの時間がずれてしまった家族にも、フタをして置いておけるので温め直しもできてとても便利。そしてテーブルにそのまま出せるサイズと形が、このフライパンの最大のよさです。このかわいさが気に入っているところです。ひとりのお昼ごはんの時には、たとえば、鶏のもも肉半分をグリルして、あいているところにアスパラガスやブロッコリーなどの野菜を一緒に焼けば、フライパンひとつで熱々のグリルができて、そのままテーブルへ。これにバゲットでも添えれば立派なランチになります。鉄のフライパンはお手入れが大変そうと思われがちですが、洗ったらさっと火にかけて、乾かすだけ。この小さなサイズならなんてことはありません。小さいから重宝する、これがこのフライパンの魅力です。

グリーンピースとパンチェッタのオムレツ

材料（作りやすい分量）
グリーンピース……正味50g
パンチェッタ……35g
卵……3個
オリーブオイル……大さじ1
塩……少々

①グリーンピースは3〜4分茹でてザルにあげる。パンチェッタは小さく切る。
②卵を割りほぐし、塩を混ぜる。
③フタ付きミニ鉄フライパンにオリーブオイルを熱しパンチェッタを加えて焼く。
④②にパンチェッタとグリーンピースを加えてざっと混ぜてフタ付きミニフライパンに流し入れ、中火で1分ほど加熱したら弱火にしてフタをし、卵の表面が焼けるまで10分ほど加熱する。

テフロン加工のフライパン

やっぱりひとつは持っていると便利なテフロン加工のフライパン。お肉を焼く時や野菜をしっかり焼きたい時には鉄のフライパンを使いますが、普段、さっと炒めものをする時にはテフロンがあると楽ですね。

ただ、テフロン加工のフライパンは消耗品なので、ずっと使い続けるという考え方ではありません。鉄のフライパンのように使い込んで自分の道具として育てていくということとは違います。道具を選ぶ基準としては鉄のフライパンのように、育て、使い続けることが大前提ですが、テフロン加工のフライパンは例外。どう自分の道具として位置づけるかは難しいかもしれません。便利なもの、というキーワードも道具には必要だと思って、よしとしています。

しかし、いくら消耗品とはいえ、なんでもいいというわけではありません。自分の中で選ぶ基準を決めています。なるべく長く使えるようにテフロン加工が厚く、しっかりしているものを選ぶようにしています。また、裏には色柄などはなく、アルミのシンプルなものにして、道具としての無骨さを感じられるようなものにしています。そして、どうせ消耗品だし、といって手入れを怠らないように努めます、なんてちょっと大げさですが、ほかの道具と同じように表も裏もきれいに磨くようにしています。そうして、少しの間だけでも道具として愛着を持って使えるようにしています。

なにかちょっとむりやりですが、テフロン加工のよさはやっぱりあります。最初にもいったように使い勝手のよさが、なんといってもよいところ。忙しい朝のごはん作りにも、お弁当のおかず作りにも。そう思うと18cm前後の小さめのテフロン加工のフライパンを持っていると便利かもしれませんね。いつかテフロンを卒業する時がくるかもしれませんが、今は、やっぱりあると便利！　という道具として、位置づけています。

豆苗炒め

材料（2人分）
豆苗……1袋
にんにく……1/2かけ
粉山椒……小さじ1/4
塩……適量
太白胡麻油……小さじ2

①豆苗は（長ければ）4cm長さに切る。にんにくは軽くつぶす。
②テフロン加工のフライパンに太白胡麻油とにんにくを熱し、豆苗を加えて全体に手早く炒める。塩で調味し、粉山椒をふる。

飯炊釜

ぽってりと愛らしいお釜はごはん炊き専用のお鍋です。これで炊きあげた湯気ほかほかの白いごはんは、ツヤツヤとして甘くて、ごはんだけでご馳走になります。

この飯炊釜、じつは夫が一人暮らしの時から使っていたもの。一人暮らしの男性がごはん炊き専用のお釜を使っているなんて、微笑ましく思いました。夫は取材で行った田園調布にある「いちょう」という食器屋さんで、このごはん釜のおいしさを聞き、買って帰ってきたのだそうです。

このお釜で炊いた白いごはんが本当においしいのです。我が家のごはん炊きはこのお釜に決まり、以来、私までこのお釜で炊くごはんのおいしさを来客に力説するようになりました。そして先日、料理教室用にも5合炊きの一番大きなものを新調しました。

では、なぜこれで炊くとおいしいのか？

それは構造に秘密があるようです。フタは2重になっていて、中の蒸気を逃がしません。お釜の内側は炭で加工がされていて遠赤外線効果。

そして、なによりも炊き方に個性が光ります。面倒な火加減がいらないのです。強めの中火にかけて、ふいてきたら火を止めてしまいます。そして待つこと20分。ただ、それだけです。ふいてきたら、コンロが汚れちゃうなぁと思うかもしれませんが、これもこの愛嬌のある形に秘密があって、縁にカーブがあることで、絶対にふきこぼれることがありません。フタをしていても、ふいてきたことは確認できて、ふきこぼれることがないのですから、いいこと尽くし。

ふいてきてすぐに火を止めてしまう、なんて大胆です。水分がどこへいってしまうのやら……と思ってしまいますが、炊きあがりは本当にふっくらツヤツヤ、これ以上ないくらいの美しさ。白いごはんがご馳走になる、こんな幸せなことはありません。

炊きたてごはん

材料（2合分）
米（つや姫）……２合
水……３６０mℓ

①米をボウルに入れ充分に洗い、ザルにあげる。水気をしっかりきり飯炊釜に入れて水を加える。30分以上浸水させて、強めの中火にかけ、ふつふつふいてきたら火を止める。20分蒸らす。

サーバー

菜箸や盛りつけ箸、レードルやサーバーなどの小さな道具も立派な料理道具です。菜箸は太すぎずほどよい細さのものが使いやすく、盛りつけ箸は先が極めて細く、スッとしているものが最適です。菜箸も盛りつけ箸もなんでもよいということはなく、手なじみがよく、使っていて気持ちがよいものがいいと思っています。些細なことですが、これも料理をするうえでとても大事なことだと思います。

料理を鍋中から盛りつける時に必要なレードルやサーバーも、丸みの角度や柄の長さが、使いやすさにはとても重要です。すくう部分の丸みが浅めで柄が短いものでとても使いやすいサーバーがあります。もうこれは手放せないなぁと毎日使うたびに思うほど、こればかり手に取ってしまいます。

友人の金工作家の作品で、特にこれはお気に入りの道具です。柄が短いのでお皿とのバランスもよく、盛りつけサーバーとしての道具でありながら、テーブル上でもそのまま使えるという、よさがあります。柄の長い、いかにもキッチン用品というレードルではこうはいきませんから。お皿とのバランスもとれてテーブルで使っていてもズボラ感もなくきれいで、なにより、すくいやすい。一度、使ってもう2本買い足しましたが、もっとほしいなぁと使うたびに思っています。よさを実感してから、買い足したいと思える道具というのは、本当にいい道具ということですね。料理教室でも生徒さんから「それはどこのものですか？ なんだかとても使いやすそうですね！」と、私がつい手に取ってこればかり使うので、よく聞かれます。

菜箸やサーバー、こういう小さな道具が使いやすいとなんだか気持ちがいいものですね。

手羽先の香味煮

材料（作りやすい分量）

鶏手羽先……8本
玉ねぎ……1個
うずらの卵……6個
にんにく……2かけ
しょうが……2かけ
タカの爪……1本
黒酢……100㎖
きび砂糖……大さじ3
しょうゆ……大さじ4
水……100㎖
ごま油……小さじ1

①にんにく、しょうがは皮をむき薄切りにする。タカの爪は種を取る。玉ねぎは8等分のくし切りにする。
②うずらの卵は沸騰した湯に入れて茹で、殻をむく。
③鍋にごま油を熱し、①と手羽先を加えてざっと炒める。
④調味料と水を加え強火で沸騰したらアクを取り、フタをして中火弱にして途中、サーバーで煮汁をまわしかけながら、50分煮る。うずらの卵を加えて火を止める。

穴明きオタモ

白い業務用の食器を買い足したいなぁとか、経木や紙のランチボックスが撮影で必要だなぁとか、ちょっとした料理道具の用事が出てくると合羽橋道具街へ向かいます。なにか必ず目的があって向かうのですが、その目的がすぐに達成されると、せっかく来たのだからほかになにかよいもの（使えそうなもの）はないかと時間の許す限り、道の両側の店舗を行ったり来たり。いわゆる便利グッズと呼ばれる料理道具に興味はありませんが、自分なりにこれはこういう時にあると便利かな？　などと思いを巡らせて、ひとつふたつ新しい道具を見つけます。

この、「穴明きオタモ」という名前の穴のあいたおたまもそんな道具のひとつ。この大きなサイズ（３１５×１０２㎜）によさがあります。

茹でた野菜やショートパスタなどザルにとるにはおおごとという時や、できれば同じ鍋のお湯で野菜を少量、時間差で茹でたい時にも、茹で上がったものから取り出していけてとても便利。小さすぎず、大きすぎずのサイズ感がたまりません。はじめはちょっとズボラかなぁなんて思う気持ちもあったのですが、使っているとあまりに便利でもう手放せない大切な道具になっていました。

時間のかかる撮影の時にもムダのない下ごしらえができて大活躍。そばで見ているスタッフからも、それ便利そうですね！　それ、どこで売ってるの？　と何度となく聞かれます。ちょっとズボラな感じも否めないのですが、便利というのはキッチン道具には必要不可欠なポイントなのです。

そら豆のパスタ

材料（2人分）

そら豆……400g（さやを取って150g）
にんにく……1/2かけ
パルミジャーノチーズ……大さじ3
オリーブオイル……大さじ2
粗塩、黒胡椒……各適量
ショートパスタ……140g

①そら豆はさやから取り出し、薄皮をむく。にんにくは軽くつぶす。
②たっぷりの湯に粗塩を加えてパスタを茹でる。茹で上がり3分前に①のそら豆を加える。
③別の鍋にオリーブオイルとにんにくを熱し、香りを出し、茹で汁大さじ3を加える。茹で上がったパスタとそら豆を穴明きオタモですくって加え、パルミジャーノチーズも加えて火を止めさっと和え、粗塩、黒胡椒をふる。
④温かい皿に盛り、オリーブオイル（分量外）をまわしかける。

ボウルとザルのセット

料理教室をはじめるにあたり、ボウルとザルを新しく揃えました。たくさんの数がいるので、「セットで揃える」「同じシリーズにする」ということを条件に決めると、使っている時はもちろん、収納時にもコンパクトにきれいに収まります。これがけっこう大事なことなのです。使いやすさはもちろんですが、しまっておく時の収まりのよさも、場所を取るものだからこそ、大事なポイントになってきます。

調理をしていると実感するのは、小さいボウルも大きいボウルもその中間も、なくては困るということ。大きいサイズで代用するのも、小さいサイズでむりやり調理するのも作業の効率が悪くなってしまいます。ボウルの中でドレッシングのオイルとビネガーをよく混ぜ合わせたり、ボウル全体をザッザッとふって、味をからませたり、なじませたり。ボウルはその時々でベストなサイズのものを使うことが、作業のしやすさ、効率につながる道具なのです。

今回、揃えたボウルはザルとセットで3サイズ展開になっているステンレス素材のもの。

ボウルには目盛りがついていて、だしやスープなど液体はだいたいの分量がひと目でわかる。これが意外と便利な機能でした。

また、ザルはほどよい目の細かさなのでなにか漉したい時にも直に使えることと、まわりの骨組みのような支えや足もなく、編まれたザルの目だけなので、とても洗いやすい。底面はポコッと少し上に持ち上がっているので、直に置いてもペタンとつくことがなくて清潔です。かゆいところに手が届く、考えられた形です。

タコとポテトの混ぜサラダ

材料（2人分）
タコ（茹）……150g
じゃがいも……2個
イタリアンパセリ……2本
フレンチマスタード……小さじ2
ケイパー……小さじ2
レモン汁……大さじ1
オリーブオイル……大さじ1・1/2
粗塩、黒胡椒……各適量

①タコはやや薄切り。じゃがいもは皮をむき8等分に切る。じゃがいもを茹でてやわらかくなったらタコも加えてさっと茹でる。水気をきり、軽く火にかけて水分をとばす。イタリアンパセリは刻む。
②ボウルにフレンチマスタード、レモン汁、オリーブオイルをよく混ぜ合わせて、①とケイパーを加えて、粗塩、黒胡椒をふり、ボウルを返すようにふって全体を混ぜてなじませる。

バットセット

今までバットはサイズ違いでいくつか業務用のステンレスを使っていました。でも愛着も持てず、なにかいいバットはないかと思い続け、そのままになっていたアイテム。

キッチンを新しく作ったのだから、道具を見直そうと思った時にまたバット問題が浮上したのです。業務用のなんでもないステンレスバットはピカピカしていて、長方形なのに少し丸みをおびていてなんだかシャッキリしていないなぁと。

いろいろと見るうちにひとつ気になるバットに出合いました。ラバーゼのバット。これは料理家の有元葉子さんが開発したシリーズで、手に取ってみると、持った感じがとても気持ちがいい。ステンレスもつやけしでスッとしています。持った時の重みやサラッとした気持ちよさで、まずは使ってみたいと思いました。

バットと同じサイズの薄手のフタバットも、さらには同じ形のザルもありました。まとめて使ってみてよさを確かめてみよう！　と思い立ち、さっそく使ってみると……。さすが、と感じる使い心地のよさでした。フタは下ごしらえした素材をのせておける薄手のバットにもなり、もちろん深いバットのフタになって、冷蔵庫で保存する時は、圧巻の眺め。深さもちょうどよく、マリネやおひたしなど液体があっても安心です。ザルも魚に塩をふって置いておく時や、茹で上げた野菜を広げる時に便利なのです。

いったい、使っている時のこの心地よさはなんだろう？　と思うほど、手に取って気持ちがいいこと。これがなにより、ついほかのバットではなく、これを手に取ってしまう理由です。

アジのマリネ

材料（作りやすい分量）
アジ（刺身用）……大1尾
A
酢……80mℓ
きび砂糖……小さじ2
薄口しょうゆ……小さじ1/2
塩……小さじ1/6
赤玉ねぎ……1/3個
香菜の葉……適量

①アジは3枚におろして網をのせたバットにのせ、塩（分量外）を全体にふっておく。
②Aを小鍋でひと煮たちさせ冷ましておく。
③赤玉ねぎは薄くスライス。
④深めのバットに②を注ぎ、水気をふいたアジと③を加える。フタをして冷蔵庫で2時間ほどなじませる。
⑤アジの皮と骨を取り、ひとくち大に切り、赤玉ねぎと香菜を添える。

盆ザル

昔からある道具は理にかなっているものが多いと思います。今のようにあれもこれも便利なものがたくさんあるわけではなかった時に作り出されたもの。今でも使われる、そこにはそれなりの理由があるのだろうと思います。

そういうものの中で私にとって身近な道具のひとつが盆ザルです。ずっと使っているかというとそうではなく、じつは最近になって見直した道具です。祖母や母は使っていましたが、私はというと、普通のザルですべてを代用していました。

代用と書いたのは、盆ザルとザルは同じ用途だと思っていましたが、そうではないことが改めてわかったといえばいいでしょうか。ザルと盆ザルは決して同じではないのです。盆ザルの優れているところは茹で上げたものや水切りした素材を広げることができること。その広げられるということが大事な役割。

茹でた野菜は色落ちしないように水にとる、というのが一般的ですが、私はそうしないことも、しばしば。茹でてざっと盆ザルに広げれば、早く冷ますことができて、水にとる必要はなく、野菜は水っぽくならずにすみます。これが普通のザルでやるとどうかというと、野菜は重なってしまってなかなか冷ますことも水気をきることもできません。茹で上げたものを手早く冷ます時や、しっかり水切りしたい時は盆ザルに限ります。

小さめのサイズは、絹さややいんげんなどを茹で上げる時に便利です。大きめのサイズは、ほうれん草などの青菜に。また、大根やきのこなど野菜を干すのにも大きめのサイズは便利です。このように2サイズ用意しておくといいと思います。

使い終わったら常に窓辺に立てかけて乾かします。

青菜のおひたし

材料（2〜3人分）
いんげん……12本
菜の花……1/2束
絹さや……12枚
かつおだし……100mℓ
薄口しょうゆ……小さじ2
塩……少々

①いんげん、菜の花は長さを半分に切る。絹さやは筋を取る。
②湯を沸かし、いんげんを3〜4分、菜の花を2〜3分、絹さやをさっと茹でて盆ザルに広げ、涼しいところで手早く冷ます。
③かつおだしに薄口しょうゆと塩を加えてよく合わせる。②を加えて冷蔵庫で2〜3時間、浸す。

ボード

パン生地をこねたり、手打ちパスタの生地をまとめたり、クッキー生地を作ったり。粉ものを扱う時に活躍するのがボードです。普通のまな板で代用ということもできなくはないですが、それではやはり、効率がよくないですね。打ち粉をして生地をこねて、のばして広げてと思うと、ある程度の大きさがあるものが便利です。

今までもいくつか使ってきましたが、ひとつだけ、いつもちょっとイライラしてしまうことがありました。ボードの上で体重をかけたり手に力を入れて生地をこねて広げるので、ボードが動いてしまうのです。下にぬれ布巾を敷いて動かないようにしても動いてしまう、これがいつもどうにかならないものかと思っていました。そんな時、料理家の友人が使っていたのがイケアのもので、これが優れもの。ボードの手前に少し折り返しがあり、それがストッパーになるのです。友人もパスタの生地をこねながら「これね、すごくいいのよ」と。私もこれにしよう！　と後日、買いに走りました。

ぬれ布巾もいらなければ、力を入れて押しても動かない！　まさにアイデア商品だなぁと感心しきり、粉ものをこねる時のイライラが解消されました。

でもちょっと長く使っていると難点も……。木が反ってきてしまい、裏返して使うことができないということ。まぁ、でもちょっと反ったくらいならいいかぁ、それよりもズレない方がストレスが、ないですものね。

新品をもう1枚ストックしておくことにします。

青ねぎの薄焼き餅

材料（1枚分）
薄力粉……180g
ぬるま湯……100㎖
ハム……2枚
万能ねぎ……3本
粗塩……小さじ1/2
ごま油……大さじ1
コチュジャンやしょうゆなど……各適量

①ハム、万能ねぎは細かく切る。
②ボウルに薄力粉を入れぬるま湯を注ぎ、粉っぽさがなくまるまで菜箸で混ぜる。
③ボードに打ち粉（薄力粉・分量外）をして②をのせ、体重をのせるようにして、手で生地がしっとりしてくるまで、よくこねる。丸めた生地にボウルをかぶせ、10分ほど休ませる。
④ボードと麺棒に打ち粉をして③の生地を薄くのばし、ごま油小さじ1を手で全体に薄くぬり、①と粗塩を散らす。
⑤手前からクルクルと巻き、丸い棒状にし、端を中心にして渦巻きのように巻く。巻き終わりを生地にしっかりつける。
⑥麺棒で⑤を薄くのばす。
⑦フライパンに残りのごま油をよく熱し、⑥を入れフタをして中火で5分焼く。焦げないように、時々フライパン全体をまわす。同じように裏面も5分焼く。
⑧切り分ける。コチュジャンやしょうゆなど好みのものを添えて。

琺瑯の円筒形の保存容器

野田琺瑯のホワイトシリーズは保存容器からバットまで、本当にたくさんの形とサイズのものを使っています。使い勝手のよさと清潔感は今や、唯一無二の存在です。

いつもいいなぁと思うのは、野田琺瑯の社長夫人やお嫁さんが台所仕事で、どんなものがほしいか、どのサイズが使いやすいかなど、主婦の目線で実践、実験をして製品ができあがっているということ。使うと、それを納得します。かゆいところに手が届くという感じで、実際に道具の中で使う頻度も高いのです。

保存容器では長方形の深型、浅型のほかに丸いものもあります。小さな丸形は「ハムの残りを入れられるといいと思ってね」といつか社長夫人に聞いたことがありました。実際に自分でもハムの残りをしまう時に、なにも考えずにこの小さな丸形を手に取っていました。こんなふうについ手にしてしまう、使い勝手のよさがあります。

丸形でつい手に取ってしまう使いやすいものがあります。それは円筒形の保存容器です。残っただしや煮汁の多いものなどを入れておく時に本当に便利。私は使いかけの油の保存にも使っています。液体を長方形の食品保存容器に入れるとこぼれてしまうことがよくありますが、この円筒形ならその心配はありません。ときにお裾分けなどで、外へ持っていく時にも内ブタもついているので安心です。丸いとチャポンチャポンと揺れても角にあたることがないので、こぼれることが少ないようです。

イケアのボードを私に教えてくれた料理家の友人が、今度はこの円筒形の保存容器を「これ、いいね！」と言って帰っていきました。

この保存容器は、ほとんど休んでいるヒマがないほど我が家では使われている状態、頼れる道具です。

レンコンスープ

材料（2〜3人分）
かつおだし……400㎖
レンコン……180g
塩……適量
ごま油……小さじ1
芽ねぎ……適量

①レンコンの皮をむき酢水（分量外）にさらす。鍋にごま油を熱し、かつおだしを注ぎ中火で温める。
②①のレンコンをすりおろしながら加えて、薄くとろみがつくまで温める。塩を加えて味をととのえる。刻んだ芽ねぎを散らす。

鬼おろし

鬼おろしってすばらしいのです。おろし金でおろした大根と鬼おろしでおろした大根には大きな違いがあります。大根おろしがただの添えものではなく、食べる大根おろしになる、といえば鬼おろしの魅力が伝わるでしょうか？

はじめて鬼おろしを知ったのは、とあるお蕎麦屋さんでした。冷たいお蕎麦がおいしい季節に鬼おろしでおろした辛味大根がたっぷりとのっていて、シャキシャキ、と食べごたえもありながら、ほどよくおろされた水分もあって、キリッと冷たくしまったお蕎麦によく合っていました。「へぇ、これ、いいなぁ」と食べながら感心しきりだったことを覚えています。

鬼おろしというのはどんなもの？　とその時は知らなかった道具。探してみると、それは昔から使われていたとてもシンプルな容姿をしているものでした。やや無骨で簡素な道具、鬼おろし。

手に入れてからはなにかといえば、大根は鬼おろしでおろしています。すると、脇役でしかなかった大根おろしが主役のようにひとつの素材として主張するのです。ほかにもおろせるものはないかな？　と、大根だけではなくきゅうりやにんじん、ちょっと筋が邪魔をしますがセロリもおろしてみました。これらをすべて鬼おろしでおろしてサラダのようにして、たっぷりと焼き魚や酢じめの魚にのせれば立派な主菜になります。水っぽくならないので、カツオのたたきにも鬼おろしでおろした大根ときゅうりをのせています。ボリュームも出て、さっぱり。最近のお気に入りの食べ方です。

しらすに添える大根おろしも鬼おろしにすれば、食べごたえのある副菜になって満足感もあります。鬼おろしでいろいろな野菜をおろしてみると楽しいですよ。

カツオのたたきサラダ仕立て

材料（2～3人分）
カツオ（たたき用）……1/4身
大根……1/8本
きゅうり……1/2本
穂じそ……適量
酢……大さじ1
粗塩……適量
オリーブオイル……適量

①カツオは表面を強火であぶり、氷水にさっとくぐらせ、水気をふく。厚めに切る。
②大根、きゅうりは鬼おろしでおろし、酢を混ぜる。
③皿に①を並べ、粗塩を全体にふって②をのせて穂じそを散らし、オリーブオイルをまわしかける。

Med

焼き網

パンはカリッと少し焦げ目がつくくらいの焼き方が好みです。トースターで焼くとじんわりと全体にいい焼き目がつくけれど、パン全体がムラなく水分が抜けて乾燥したような焼き上がりになります。

それはそれでおいしいけれど、できれば生地はしっとりした部分もありながら、端っこにしっかりとした焼き目がつくのが理想の焼き上がり。

そうなると、焼き網の出番です。遠火でありながら、直火でつく焦げ目、そして中はふわりとまだ水分を保っています。それは焼き網だからこそなせる技なのですね。

お餅を焼く時も、この焼き網で焼いています。焼き目のついた中央部分から、絵に描いたようにプックリと中身が出てきておしょうゆにつけた時にプシュッと香ばしさが流れて、なんともおいしそう。

冬にはこの焼き網で薄く輪切りにした大根を焼いてサラダにします。編み目模様に焼き色がついた大根を干し柿やブルーチーズと合わせます。これは焼いた香ばしさも味の一部、いい調味料となります。

トースターよりも時間はかかるかもしれませんが、パンやお餅は単純に焼くだけだからなおのこと、理想の焼き加減の食感で食べたい。

網で焼いたパンの香ばしさに、アボカドをたっぷりのせて食べるのもお気に入りの食べ方。トーストやお餅に限らず、ちょっとなにかをあぶりたい時に焼き網があると便利です。海苔や一夜干しや板粕をさっとあぶったり。あぶった香りのおいしさって、ありますね。直火で調理した焼き目の香ばしさや味わいを焼き網で実感してみてください。

アボカドトースト

材料（2人分）
アボカド……1/2個
パン……2枚（少し生地に塩気のあるもの）
バター……適量
粗塩……適量
ハーブ（好みのもの）……適量
オリーブオイル……適量

①焼き網を中火強で熱し、好みのパンを片面ずつ焼き目がつくように焼く。
②熱いうちにバターをのせアボカドをスプーンですくってのせる。
③ハーブの葉、粗塩をふりオリーブオイルをまわしかける。

種抜き器

さくらんぼは子どもの頃、一番好きな食べものでした。季節になると待ってました！　とばかりに頬張って。あればあるだけ食べてしまい、そして後でおなかが痛くなる始末……。その頃はまだアメリカンチェリーが今のようにお目見えしてはおらず、はじめて見た時はその紅黒さに驚き、これは私が愛してやまないさくらんぼと同じものか？　と思ったものでした。

料理の仕事をするようになって、料理やお菓子にはアメリカンチェリーの魅力が発揮されるということを知りました。もちろん、そのまま食べてもおいしいですが、火を通したり、なにか食材と合わせたりするとグン！　と魅力的になるなぁと思います。

そんな時に活躍するのがチェリーの種抜き器。うむ？　ここまで専用ってほかにあるかしら？　と思うほど、季節限定、さくらんぼ限定の道具。ですから、手にするのはほんのいっときです。

でも、あるとないとでは大違い。種抜き器がなければ小さなナイフで半分に切れ目を入れてクルリと半割にして種をなんとか取り除きます。赤ワイン煮でもたっぷり作ろうか？　なんていう時に終いには指先が赤く染まってしまいます。種抜き器があるとあっという間に種は抜けて、チェリーはまん丸のまま。それにこの作業自体が楽しくて、もっと種抜きしたい！　となります。

じつはこの道具を持ったのはつい最近。毎年チェリーの季節になると「あ、種抜き器ほしいな、買わなきゃ」と、あったらいいし、なくても困らないかなぁ？　と優柔不断な数年を過ごしてしまいましたが、ここで宣言！「種抜き器はなくても困らないけど、あったらものすごく楽しい道具」です。

アメリカンチェリーのコンポート

材料（作りやすい分量）
アメリカンチェリー……250g
赤ワイン……100mℓ
水……100mℓ
グラニュー糖……40g
シナモンスティック……1/4本

①アメリカンチェリーは種抜き器を使って種を取り除く。
②鍋に赤ワイン、水、グラニュー糖、シナモンスティックを入れて中火にかけ、フツフツしてきたら混ぜてグラニュー糖を溶かす。
③①を加えて弱火で5分、煮る。火を止め、冷ます。
※完全に粗熱が取れたら保存容器に入れて冷蔵庫で保存。
※サワークリームにはちみつで甘みを少しつけ、混ぜたものを添える。

肉用温度計
0 10 20 30 40 50 60 70 80 90 100

肉用温度計

なくてもいいけれど、あったら便利というのが道具のひとつの使命？

　この肉用温度計もそのひとつ。塊肉を焼くのには何度も同じように繰り返し、感覚で覚えることもできますが、オーブンの設定温度を同じにしても、塊肉には個体差があるので、いつも同じような仕上がりとは、なかなかいきません。

　火を通すことを優先すると、火が入りすぎてしまって肉質が硬くなってしまうこともしばしば。おそるおそる火入れを少なくすると、やっぱりまだ中は赤く火が入っていなくてやり直し、なんていうことを繰り返してしまいます。

　なんとなく、というのでは塊肉を完璧に仕上げることはできないということを繰り返す中で、感じました。ならば、頼るは専用の道具です。

　その名もずばり、肉用温度計。

　塊肉の中心にさすと、ゆっくり温度計の針が動きます。牛肉の場合なら、レア、ミディアム、ウェルダンと目安の温度も、豚肉なら何度という目安も表示されていてとても便利。長い時間オーブンに入れているからといって決して肉の中心が高温になっているとは限らないと思い知らされるように、温度はゆっくり上がっていきます。自分好みの火入れをするためにも肉用温度計は大事な道具。ときに道具にめいっぱい頼るのも料理上手への近道かもしれません。

　オーブンで牛や豚の塊肉や丸鶏を臆することなく焼けるようになると人を招いての食事も楽しみが増えそうですね。

ローストビーフ

材料（作りやすい分量）
牛塊肉（もも）……８００g〜１kg
にんにく（すりおろし）……１かけ
粗塩……小さじ1
黒胡椒……適量
オリーブオイル……大さじ１
じゃがいも……２個
チャイブ……適量

①牛肉は室温に戻し、粗塩、にんにく、黒胡椒を全体につける。
　じゃがいもは皮をよく洗い6〜8等分に切る。オーブンを１７０℃に温める。
②フライパンを強火でオリーブオイルを熱し牛肉の表面を焼きつける。
③オーブンシートの上またはバットに②をのせ、じゃがいもをまわりに並べ、
　肉用温度計で中心が52〜56℃になるまで、１時間を目安に焼く。
④③の肉をホイルに包み20分以上、休ませる。
※肉を薄く切り、じゃがいもと盛り合わせてチャイブなどを添える。

卵焼き器

運動会のお弁当に母が必ず作ってくれた厚焼き卵。少し焼き色がついてほんのりと甘い卵。できたての端っこを切ってもらうのがうれしくて、いつも側で見ていました。

熱々で焼き目のついた端っこが一番おいしいのでは？　と思うほど、好きでした。母が使っていた卵焼き器は洗ってはいけないといわれたとかで、使い終わったらきれいな布巾に油を少し含ませてふくだけ。まるでお手入れしていないように真っ黒……。でも、これでいいのだそうです。

実家を離れる時、母からいろいろと料理道具を譲ってもらいました。中華蒸籠や銅鍋、鉄のフライパンなどなど。「もう、これからはあなたの方が使うから」、といわれて、今まで慣れ親しんだ道具を引き継ぐつもりで譲り受けました。本当は卵焼き器もほしかったのですが、これはまだまだ母が現役で使っていくもの、グッと我慢をして同じ「有次」で新調しました。

厚焼き卵の配合を母に聞くと、「うーん、いつも適当なの。お酒はちゃ～（お酒を入れている秒数の感じらしい）、くらい。おしょうゆはちゃっ、かな？」と。

ええっ？　だって、子どもの頃から食べ慣れた母の厚焼き卵はいつでも同じ味でしたよ？　そんなに適当だったの？　お煮しめの味つけを聞いた時も（調味料が音を立てている時間の感覚）同じでした。

感覚だけでいつも同じ味になる。これは、何度も何度も繰り返し作っているからなのですね。私も新調したマイ卵焼き器で「いつも同じ味」の厚焼き卵を作れるようになろうと思ったのです。

だし巻き卵

材料（1本分）

卵……5個

かつおだし……60㎖

きび砂糖……小さじ2

酒……小さじ1

薄口しょうゆ……小さじ2/3

塩……少々

太白胡麻油……大さじ1

大根おろし、紅たで……各適量

①卵を割りほぐし調味料、かつおだしを加えてよく混ぜ、漉す。

②卵焼き器をよく熱し、太白胡麻油を熱して全体になじませ、余分な油は小さな器に出しておく。

③卵液をレードル1ぱい目安に流し入れ、全体に流す。

④まわりが少し焼けてきたら、奥からクルクルと巻く。卵を奥にずらす。

⑤取り出しておいた油を少量足して全体になじませて畳んだペーパーなどで全体をふき、卵液を同量、流し入れ、卵の下にも流して奥から手前に巻く。これを繰り返す。

⑥食べやすい大きさに切り、大根おろし、紅たでを添える。

ホット・キルト

道具といわれて、うん？　と思ってしまうほど、やわらかでかわいらしい容姿。これはホット・キルトといってクリステル鍋専用の保温調理の道具です。料理道具や食器、食材を扱うチェリーテラス代表の井手櫻子さんが２０１１年の震災の時に、「火力、電力をなるべく使わない、でもおいしいものをきちんと食べる」ことを大切にしながらできることを、と思案して生まれたものだそう。

保温調理の道具といえば、今までもいろいろとありますが、私は積極的に使ったことはありませんでした。その一番の理由は保温しておくもの、外側の容器がデン！　と構えていてどうしてもキッチンで邪魔になるような気がしてならなかったのです。でも、ホット・キルトは今までの保温調理の道具とまったく一線を画すような風貌。それを見て、やってみようかな？　とふっと気持ちが軽くなったのです。キルトですから、軽いのなんの。本体とカバーになるものが同じ形でサイズ違いなので入れ子にして収納しておけます。

このホット・キルト、根菜やお肉の塊の煮込みもの、豆料理をはじめ、少ない水分でもふっくらと仕上がる蒸しものにも威力を発揮します。ちょっと厚めに切った根菜も保温調理した後はしっとりほっくり。スッと竹串が通った時は感動します。すね肉のようにやわらかく仕上げるには長時間かかるようなものも、保温時間をしっかり持てば、ずっと加熱し続けた肉質とはまったく違うやわらかさで、スープも澄んだまま。夜、帰りが遅くなりそうな時に、朝のうちに加熱してホット・キルトへ入れておけば帰ってすでに1品できている、なんていうのも助かります。こういうものが究極の料理道具のひとつ、なのかもしれません。

鶏肉と根菜の香り蒸し

材料（2人分）

鶏ムネ肉……1枚
レンコン……80g
さつまいも……1/2本
長いも……6cm
にんにく……1/2かけ
オレガノ……2本
バター……15g
オリーブオイル……大さじ1
白ワイン……大さじ1
赤ワインビネガー……大さじ1
粗塩、黒胡椒……各適量

①レンコン、さつまいも、長いもは皮つきのまま1・5cm厚さの輪切りにする。にんにくはかるくつぶす。鶏肉は切れ目を入れ厚みを均等にしておく。
②底の厚い鍋にオリーブオイルとにんにくを熱し鶏肉の皮目を下にしてさっと焼き裏がえす。さっと焼いたら取り出す。
③根菜、②の鶏肉、オレガノ、白ワイン、赤ワインビネガー、バター、粗塩、黒胡椒を加え、フタをしっかりして3〜4分強火にかけたら、そのままホット・キルトに入れ、フタをかぶせる。そのまま45分おく。
④鶏肉を食べやすいサイズに切り分けて根菜と盛り合せる。

胡椒挽き

片手で挽くことができる胡椒挽きはとっても便利です。調理中、ハンバーグのタネを練っていたら一度手を洗って胡椒挽きを持たなくてはいけないところでも片手ですむし、鍋でスープを煮ている時にもフタをパッと開けて、片手で使える胡椒挽きならカシャカシャッとできてしまいます。

電動で指一本という大それたものもありますが、シンプルな胡椒挽きは大半が両手を使わなくてはいけないデザイン。以前、愛用していた片手タイプは残念ながら廃番となり、なかなか片手でできる簡素なものが見つかりませんでした。このなんともシンプルな片手タイプの胡椒挽きは夫がハワイのウィリアムズソノマで見つけたもの。私がいつも片手でできるのないかな？　といっていたのを覚えていてくれたのでしょうか……。お土産に買ってきてくれました。

ウィリアムズソノマはだいぶ前に、日本にも上陸して大好きなお店でした。なくなってしまって残念。こういうキッチン専門店、復活してほしいなぁ。きっとかゆいところに手が届く品揃えで、あるとやっぱり安心、便利だろうなぁと思っています。

そうそう、胡椒挽きの話でしたね。胡椒挽きは両手で挽くタイプも（これを手に入れるまでに買っていたので）使っていますが、調理中にパッと手が出るのはやはり、この片手のタイプ。なんといっても料理はスムーズな段取りと素早さも大事ですから。

胡椒挽きは、ひとつは持っているとよい道具です。最初から挽いてあるものではなく、粒のままをその場で仕上げにカリカリッと挽くと格段に香りがよく、食欲をそそられます。

トマトとズッキーニの黒こしょうカルパッチョ

材料（2人分）
ズッキーニ……1/2本
ミニトマト（イエロー、レッド）……各2個
フルーツトマト……1個
パルミジャーノチーズ……10g
オリーブオイル……大さじ1
粗塩……少々
黒胡椒……適量

①ズッキーニは薄い輪切りにして冷水にさらしておく。水気をきり、ペーパーなどで水分をしっかりおさえる。トマトも薄切りにする。
②①を並べ、薄くけずったパルミジャーノチーズ、粗塩を散らし、オリーブオイルをまわしかける。
③黒胡椒をたっぷりと挽く。

Vitamix

バイタミックス

古くなってしまったミキサーを新調しようと探していた時に、ちょうどバイタミックスの威力のすごさを耳にし、せっかくなら強力パワーのものがどんなものなのか知りたかったこともあって、これに決めました。

アボカドの種も粉砕できる！　とのことですが、これは怖くて試していません。それはアボカドの種よりもやわらかいと思われる氷をバイタミックスにかけても、ものすごい音と振動だったから……。さすが、アメリカというくらい本体も大きければ音も大きくて、いつもビクビクしながら、少しずつ、やさしく動かしていますが、やはり日本のキッチンにはややオーバーなようにも感じます。

しかし、そのパワーのおかげでポタージュやスムージーはふわふわとやわらかく、キメが細かく、普通のミキサーにかけただけでは、こうはならないという納得の仕上がりになります。

繊維の残りやすいトウモロコシや白菜、カブのポタージュなどはバイタミックスにかけるとほとんど繊維も残らずなめらかになります。特に白菜のポタージュは白菜の繊維も水分も多いので、ほかのミキサーで作った時との差は歴然でした。「あの白菜のポタージュ、おいしかったから家でも作ってみたけど、同じようにならなかった……」という声をいくつか聞いたこともありました。空気を含んだようなふわふわとしたなめらかさはバイタミックスだからこそできる食感なのですね。

機能はただパワーでまわすだけという単純なものですが、あれこれ別機能がついているよりもシンプルでよいかなぁ？　とも思います。ちょっと大げさではありますが、パワーは誰にも負けませんよ。

メロンとミントのスープ

材料（2人分）
メロン（完熟）……1/2個
新しょうが……2かけ
はちみつ……小さじ2
ミントの葉……8枚

①メロンは皮と種を取り除きひとくち大に切る。しょうがは皮をむき、ざく切りにする。
②①とはちみつ、ミントの葉をバイタミックスに入れて、なめらかになるまでまわす。

bamix® of Switzerland

バーミックス

これは道具の中でも長年、愛用しているもののひとつです。毎日使うというものではありませんが、ないと困るもの。

ミキサーのようにおおごとにならず、さっと少量のものをペースト状にしたり、鍋の中で撹拌できたりする優れもの。

こういう道具はしまいこんでしまっては、使わなくなってしまうものなので、すぐに取り出せるところに置いておきます。そんなコンパクトさも料理道具としての大事な要素を満たしています。野菜のペーストや肉、魚をミンチにできると料理の幅も広がり、彩りもよいひと皿ができます。

少し前まで練りごまは市販のものを使っていましたが、これなら香りのよい練りごまも、すぐに作れます。炒りごま、すりごま、練りごまと常備していましたが、炒りごまだけ常備しておけばすみます。練りごまになる手前で止めれば、すりごまもできるというわけ。

今までなぜ作らなかったのだろうと思うほど、練りごまが簡単にできて、とにかく作りたての香りがよいのです。和えものにはもちろん、白和えを作る時はまずバーミックスで練りごまを作ることからはじめるようになりました。

このほか、朝のジュースや作り置きのお惣菜、お菓子作りなど、アタッチメント機能を使いこなせば、いろいろな場面で活躍してくれます。冷蔵庫に半端に残ってしまった野菜を使って、週末にポタージュを作るのですが、お鍋の中でなめらかになるまで攪拌できるので、こんな時もバーミックスはとても便利です。

この手軽さは、年を重ねても長く使える相棒のような道具となりそうです。

キクラゲの白和え

材料（作りやすい分量）
キクラゲ（乾燥）……7g
スナップえんどう……8本
絹豆腐……150g
みがきごま（白）……50g
きび砂糖……小さじ½
薄口しょうゆ……小さじ1・½
塩……少々

①豆腐はペーパーに包み、水気をしっかりきる。キクラゲは水で戻す。スナップえんどうは筋を取る。
②鍋に湯を沸かしキクラゲとスナップえんどうをそれぞれ2分ほど茹でて盆ザルにあげ、冷ましておく。スナップえんどうは斜め半分に切る。
③みがきごまを小鍋に入れて弱火で温め、バーミックスで練りごまにする。
④①の豆腐をボウルに入れ木べらなどでよく混ぜて、③の練りごま、調味料を加えてなめらかになるまでよく混ぜる。
⑤キクラゲとスナップえんどうを④に加えて和える。

お気に入りの食材

お米

炊きたての白いごはんは、なんておいしいのでしょう。おいしいお米でおいしく炊けると、それだけでご馳走になります。炊きたてのごはんで塩むすび、これも無性に食べたくなるもののひとつ。ふわふわっとゆるめににぎった熱々の塩むすびの贅沢なこと。あぁ、今すぐにも食べたくなります。塩むすび好きは料理を仕事にしている友人たちにも多く、やっぱりこの究極にシンプルなおいしさは別格なのだろうなぁと妙に納得してしまいます。

贔屓にしているお米農家さんとは、そろそろ十年近くなるおつきあい。ご家族でおいしいお米を愛情たっぷり、ていねいに作っている山形・庄内の井上農場です。はじめて庄内を訪ねた時に朝ごはんに食べたのも井上農場のお米で作った塩むすびでした。ひと粒ひと粒がツヤツヤで、粒が立っていました。おいしくて、いくつ頬張ったでしょうか。代表格の品種「つや姫」はモチモチしすぎず、ほどよい水分で、その名の通り、艶やか。この「つや姫」の持つお米の特性自体も好みですが、井上農場の特別栽培米の「つや姫」は驚くほど、別格のおいしさなのです。何年食べ続けても飽きることがありません。

また、お米を通しての井上農場のお母さんとの交流も私にとって、楽しみのひとつ。電話で、「どう？　元気にやってるの？」とやさしい声を聞けたり、お米と一緒に小松菜やトマト、柿なども送ってくれたりと、本当にお母さんのような存在。なかなか会えないけれど、お米を送ってもらうたびに、東京で暮らしている私は、なんともいえない安らぎも一緒に届けてもらっています。食べるたびに、元気をもらっているような、うれしく、おいしいお米です。

たまの朝ごはんに、白いごはんに合う干物や梅干しなどをすべて混ぜこんで、いっぺんに朝御膳のようなおいしさを味わって楽しんでいます。

干物と梅の混ぜごはん

材料（作りやすい分量）
米……1.5合
かます干物……1枚
梅干し……2個
白ごま……大さじ1
芽ねぎ……1束

①米は研ぎ、水気をしっかりきり同量の水に浸水させて、炊く。
②かますは香ばしく焼いて、皮と骨を取り除き、身をほぐす。
③飯台に①の炊きたてごはん、②、ほぐした梅干し、白ごま、刻んだ芽ねぎを加えてざっと混ぜる。
※手に軽く塩をつけておむすびにする。

パスタ

パスタはいつでも食べたい大好きなもの。ロングにするかショートにするかはいつも悩みどころ。もちろんソースとの相性もありますが、パスタ優先で決めるかソースで決めるか、真剣に悩んでしまいます。

でも、パスタをせっかく食べるならフォークでクルクルと巻いて、のイメージが先行してロングに軍配があがることが多いのですが……。

ロングパスタは太めで表面がツルツルとしたものが好みです。オイルやトマトソースのようなシンプルなものならば、なおのこと。舌触りや喉越しのよいツルツルパスタがよく合います。先日行った、今人気のイタリアンでは茹で時間20分という、かなり太いロングパスタに濃厚な卵のソースがからまって、それは驚きのおいしさ。ロングパスタの魅力をさらに感じるひと皿でした。

一方、ショートパスタはというと、これもソースによってパスタの形をどれにするか大きく変わってきます。ただ、たくさんの種類を揃えておくこともできないので、どんなソースにも合わせやすく、からみやすいセタロ・ストロザプレディがここ最近のお気に入りです。ズッキーニやブロッコリーをくったりやわらかく煮てとろりんとしたソースのものや、ラグーのような濃厚ソースにもよく合います。こちらはパスタの粉の味がしっかり感じられるような舌触りで、ツルンとしているというよりはザラッとした表面です。近所にあるイタリア食材屋さんで見つけてから、このパスタを使うようになりました。同じメーカーのパッケリという大きなリング状のパスタで、ホタルイカとミニトマトのソースを作っても、とてもおいしいです。

パスタ料理はソースだけではなく、パスタ自体の味で大きく味が変わります。

トマトパスタ

材料(2人分)

ディヴェッラのパスタ(ロング)……180g
トマト水煮(瓶詰)……400mℓ
オリーブオイル……大さじ2
にんにく……1/2かけ
粗塩、黒胡椒……各適量

① たっぷりの湯を沸かし、粗塩を適量加えてパスタを茹でる。
② 別の鍋にオリーブオイル大さじ1・1/2と軽くつぶしたにんにくを熱し、トマト水煮を加える。フタをして中火弱で煮て①の茹で汁大さじ2を加えて粗塩で味をととのえる。
③ ①のパスタを加え、火を止めて和える。
④ 温めた皿に③を盛り、残りのオリーブオイルをまわしかけ黒胡椒をふる。

だし

昆布を入れてはっておいた水を沸かして削り節をたっぷり加えて。キッチンにふわっとかつお節の香りがするとそれだけで豊かな気持ちになって、お鍋の前で深呼吸してしまいます。しっかり濃いめにとる時もあれば、あっさりとしただしを使う時も。それは料理、季節によっても変わります。料理はまず、だしから。なんとなくとっただしより、気を配ってとっただしの方がおいしいに決まっています。単純な作業のようですが、だからこそ、ていねいにだしをとるようにします。

削り節は新鮮なものほどよいのですが、いっぺんに使い切ることは到底できないので、私は冷凍保存しています。凍ってしまうことはないので使いたい分だけ取り出せます。いつもとはいきませんが、築地の「伏高」のものを使っています。築地に用事がある時は必ず、寄ります。10年ほど前に魚のさばき方を習っていた先生に教えてもらった、かつお節屋さんです。買ってきてすぐは、そのまま食べてもおいしくて、だしをとりながらパクパク……なんて、よくしてしまいます。

昆布は奥井海生堂のもの。すぐに使い切れるコンパクトなパックのものを使っています。だしにはもったいないほどピンときれいな昆布なのですが、昆布じめなどは思い立った時にしたいので、どんな使い方もできるように平らなものを使っています。

たっぷりの昆布とかつお節でとっただしのおいしさは格別。もう味は決まったようなもの、それだけで充分なおいしさです。だしをとって残った削り節ももったいないほど、まだまだおいしいので、かつお節はふりかけにしたり、梅おかかにして保存しておきます。昆布はなすやきゅうりなどの夏野菜と一緒に細かく刻んでお漬物のようにして炊きたてのごはんや素麺といただきます。

刻み夏野菜の即席漬け

材料（作りやすい分量）
きゅうり……1本
なす……1本
みょうが……1本
オクラ……4本
青じそ……4枚
一味唐辛子……少々
昆布かつおだし……60㎖
（昆布3㎝角）
塩……適量

① 昆布かつおだしでとった昆布をキッチンばさみか包丁で細かく刻む。
② オクラは塩少々でもみ、沸かした湯で2分茹でて冷まし、細かく切る。
そのほかの野菜もすべて細かく刻む。
③ ①②を合わせて一味唐辛子、昆布かつおだし、塩を加えて和える。
※炊きたてのごはんにのせたり、蕎麦や素麺にのせても。

粗塩と細塩

塩は気になるものがあると試すようにしています。たとえば、旅先でその土地のものをひとつ買って帰るというのを国内外問わず、旅の決めごとにしています。塩気の強いものもあれば、甘みをおびたものなど地域性があります。精製方法なども関わってくるのかもしれませんが、粒子の粗さにより使い方が変わります。

じつはレシピの中で塩小さじいくつ、というようにはっきり記すのは案外、難しいところもあるのです。使っている塩によっては塩っぱすぎてしまうことにもなりかねません。でも目安は記しておきたいし、それがないと見当がつかない、という声もよく聞きます。しかしながら塩に限らずですが、レシピはあくまでも目安、ヒント。自分の舌を頼りに好みの味、いい塩梅を見つけてほしいと思います。

話が少しそれましたが、塩は粒子の粗いもの、細かいものを使い分けることをオススメします。素材からうまみを引き出したい時には粗めの塩でゆっくりと。仕上げの味をととのえる時は早く溶ける細かい塩。できあがりをどうしたいかにもよります。舌で塩の存在をはっきり残したい時などは粗めの塩。

このように塩を意識的に使い分けると、ひとつの塩という調味料がいくつかの枝葉になって作用してくれます。料理教室で使っている基本の粗塩は鹿児島の加計呂麻島《かけろま》のものです。雑誌の取材で出かけた加計呂麻島の海は驚くほど澄んでいて、鮮やかなコバルトブルーの色をしていました。その海を目の前に、ひとりで塩を作っている方に出逢い、実際に塩作りを見せてもらったのがきっかけでした。あの色の海を思い出すだけで、おいしい塩がさらに甘みをおびておいしく感じるのです。素材がどこで、どんなふうに作られているのかを知ることも料理をするうえで大事なことですね。

塩ポテト

材料（2～3人分）
ミニポテト……12～14個
粗塩……適量
揚げ油……適量（太白胡麻油またはオリーブオイル）
ディル……適量

①ミニポテトは皮をよく洗い、水気をしっかりふく。
②ミニポテトが半分ほど浸かる程度の量の揚げ油を鍋に注ぎ、中温に熱して①を竹串がスッと通るまでゆっくり揚げる。強火にして高温にしてカラリと揚げる。
③油をしっかりきり、粗塩をふり、刻んだディルを散らす。

米酢

料理教室の生徒さんからよく、調味料のことについて聞かれます。「その塩はどこのですか?」「お酢はどこのものを使っていますか?」というように。

塩、酢、オリーブオイルのようなとても基本的なものに関して聞かれることが多いように思います。砂糖やみりんの甘みに関しては、すでに好みというか、ルールのようなものがあるようで、どこのものか聞かれることがほとんどありません。使い分け方や、もっとおいしいものがないかと思うのか、中でも、お酢の質問はとても多いように思います。

お酢はずっと使い続けているものがふたつあります。どちらも米酢ですが、用途や季節で使い分けています。

ひとつは「千鳥酢」で、酸味がとてもやわらかく、ツン！　とした酸っぱさがないので、和えものやサラダなどに頻繁に使っています。

もうひとつは「純米富士酢」で、しっかりとした酸味とコクがあり、夏場の蒸し暑い時や、酢じめ、寿司飯などに使います。

やわらかい酸味がよい時、酸味をしっかり利かせたい時というように。どのような味に仕上げたいかを考えてお酢を使い分けるのも、おいしく仕上げるためのひとつといえます。

私はお酢好きなので大瓶でも割とすぐに使い切ってしまいますが、酸味だけではなく風味もおいしさのうちなので、なるべく早めに使い切れる小さめの瓶で、こまめに新しいものを、というのも、お酢をおいしく使うための大事なことだと思います。

季節の野菜をおいしく閉じこめたピクルスは、日々の食卓に彩りを添えてくれるので、あれこれ作ります。カブと桜は初春のイメージで毎年作る、米酢とかつおだしの和風ピクルスです。

カブと桜のピクルス

材料（2〜3人分）

カブ……4個

桜の塩漬け……15g

米酢……80㎖

かつおだし……300㎖

きび砂糖……小さじ2

①カブは茎を少し残して切り、皮をむいて6等分に切る。桜の塩漬けの塩を軽くふるい落とす。

②小鍋に米酢、かつおだし、きび砂糖を入れて中火にかけひと煮たちさせる。

③火を止め、①を入れる。

④完全に冷まして密閉瓶に入れて冷蔵庫で保存する。

オリーブオイル

オリーブオイルはあれこれと、いつも模索中。というのは、産地や品種が多く、試してみたいものがたくさんあるということなのです。もちろん、味がわかっていて常に使っている「ラウデミオ」のようなものもあり、おいしかったからとリピートしているものもあり。それでも、オリーブオイルの売り場に立ち寄れば、新しいものを発見して試してみたくなるのです。

ワインと同じように、傾向や好みが大きく左右するものだと思います。どんな料理に使うかでも違ってくるものです。数多くある中で、「あぁ、これ好みだな」と思うものに出合えるとうれしくなります。

試してみるといっても、味見をして買えることは少ないので、ビビッと直感で、なんていうことや、レコードのようにジャケ買い、なんていうこともしばしば。それもまた楽しいものです。

選ぶものはイタリアのものが多いですが、イタリアの中でも、生産地や品種によって味はかなり違うようです。スペインのものでお気に入りもあります。オイルをあれこれと選ぶのも料理を楽しくしてくれます。選ぶ時はフレッシュなうちに使い切れるように、小さめの瓶のものにしています。そして炒めものや揚げものなど火を通す時にはエキストラバージン（EXV）ではなく、ピュアオイルの方が向いているので、手頃な値段のピュアオリーブオイルを選ぶようにします。

サラダやマリネなど生で食べる時やスープやパスタの仕上げにさっとかける時はエキストラバージンオリーブオイル。野菜のオイル煮などのように加熱する料理にはピュアオリーブオイルと使い分けられるように、それぞれ常備しておくとよいですね。

アスパラガスと卵のサラダ

材料（2人分）
グリーンアスパラガス……1束
卵……2個
EXVオリーブオイル……大さじ1
粗塩、黒胡椒……各適量

①卵は沸騰した湯に入れて8分茹で、殻をむく。
②アスパラガスは硬い部分を折り、下の方はピーラーで皮をむく。蒸気のあがった蒸し器で蒸すか沸騰した湯に入れて茹でる。
③皿に②を盛り、粗めに刻んだ茹で卵をのせ、EXVオリーブオイルをまわしかけ、粗塩、黒胡椒をふる。

菜種油と太白胡麻油

普段使っている油はオリーブオイルのほかにごま油と、太白胡麻油です。

ごま油はコクと香りがよく、炒めものや和えものに欠かせません。炒めもの、和えもの以外にもコクがほしい時にはどんな料理にでもつい、ごま油を使ってしまうほど、頼っている油です。先日、スパイスを効かせたラム肉を焼く時にも焼き油として使ってみたら、コクがラム肉となじんで、おいしく焼き上がりました。

一方、太白胡麻油はもっぱら揚げものに使っています。仕上がりの軽さと油切れのよさに感動します。冷めても油っぽくならないのも魅力です。太白胡麻油での揚げものは、やや高価ですが、このカラッとした揚げあがりはほかに代えようがないおいしさで、もう後戻りができなくなってしまいました。揚げものほかにも、カルパッチョのような、さらりと淡白なものにもよく合います。

そして最近、ようやく仲間入りした油が、「平出油屋」の菜種油です。ようやく仲間入りしたのには理由があります。いつも気にはなっていたのですが今までおいしい菜種油に出合えなかったので、使っていませんでした。「平出油屋」の菜種油はコクとうまみがあって、クセが強くないのが特徴です。なめてみるとそのおいしさに驚きます。

この菜種油を知ったきっかけは、おいしい焼き菓子を作っている知人が材料に使っていたことでした。一度訪ねたことのある「平出油屋」は福島の会津若松にあり、夫の父方の出身地ということもあって、訪ねて行くきっかけになりました。ここでは古くから続く昔ながらの製法で、ひとつひとつ、ていねいに作られています。

おいしいものを作る人から教えてもらった味、自分と縁のある土地で作られていること。こういうことも新しい食材を知り、使いはじめるきっかけになるのですね。

小松菜の菜種油和え

材料（2人分）
小松菜……1/2束
キクラゲ（乾燥）……8g
梅干し……大1個
菜種油……大さじ1・1/2
薄口しょうゆ……小さじ1

① キクラゲは水で戻し、2〜3分茹でて冷まし、硬い部分は切り落とし半分程度の大きさに切る。小松菜はたっぷりの湯で1分ほど茹でて、盆ザルに広げて冷まし水気をきって5〜6等分に切る。
② 梅干しは種を取り除き包丁でたたく。
③ ボウルに①②を入れて菜種油をまわしかけ、薄口しょうゆも加えてざっと和える。

白みそ

白みその魅力を知ったのは京都で食べたお雑煮でした。はじめて食べた白みそのお雑煮は、こっくりとした甘さとやわらかな丸餅がとろりと相まって、舌も心もとろけそうでした。白みそっておいしいなぁと思ったその足で、京都の錦市場で白みそを買って東京へ帰りました。

食べた味を思い出しながら作った白みそのお雑煮。白みその使用量は想像以上の多さで驚きましたが、こっくりとしたとろみのあるおいしさでした。

それからというもの、白みそは料理の場面でいろいろと使えることがわかりました。特に秋から冬の少し寒い時季にはこのこっくりさがたまりません。昆布だしにたっぷりの白みそと薄口しょうゆ、そこに、これまた、たっぷりのおろししょうがを加えて作る牡蠣鍋も毎冬の我が家の定番になっています。

また、白みそは日常使いにも適しています。茹でたピーマンやスナップえんどうに、白みそで作った酢みそで和えたり、焼き目をつけた木綿豆腐や熱々のコンニャクに白みそのタレをつけるなど。こっくりとした甘みのある白みそは、青々としたほろ苦さのある野菜や、豆腐やコンニャクなど淡白な味のものにほどよいアクセントになります。

冷蔵庫で常備しておくと、ポタージュや、肉や魚の漬けダレの隠し味にも使えて、いつもの味つけに変化を加えたい時にも重宝します。また、柿やいちじくなど果物を料理に使う時にも白みそがいいつなぎ役になってくれます。

秋のはじめに必ず作る、いちじくの前菜は、白みそと卵黄という組み合わせの濃厚なソースに出盛りのいちじくの淡い味わいがよく合います。こってりとした白みその出番の多くは、やはり寒い秋冬ということのようです。

白みそソースといちじく

材料（作りやすい分量）
白みそ……80g
卵黄……1個分
きび砂糖……小さじ1/2
いちじく……2個

①小鍋に白みそ、卵黄、きび砂糖を入れて木べらで混ぜる。
②①を弱火にかけ、ツヤが出てくるまで木べらで混ぜ続ける。
③粗熱を取り、好みの量を器にのせ、皮をむいて6等分に切ったいちじくをのせる。

Med Hi

酒粕

秋冬の寒い時季には常に冷蔵庫にある酒粕。ここ最近の発酵食ブームで使うようになったという人も多いのではないでしょうか。酒粕は練り粕と板粕があり、夏に出回る練り粕はおみそのようなねっとりとした状態なので、溶けやすくスープなどの汁物にはとても使いやすいです。冬に出回る板粕は文字通り板状で、大きいものは1枚が30㎝角なんていうものもあります。手で簡単にちぎれて、これをあぶって香ばしくして青菜と和えたり、海苔と合わせておしょうゆをかければ、ちょっとしたおつまみになります。もちろん、溶けるので汁物にも使えますし、初詣の時に出店であるようなあま酒は、この板粕をゆっくり溶かして作ります。夏のいわゆる麹甘酒とは違って、寒い時にふうふういいながら熱々を少しずつ飲む酒粕のあま酒も、なんともいえない風情あるおいしさですね。

練り粕、板粕、それぞれに使い勝手のよさと魅力があります。さて、ではなんでもよいか？　というと、味がダイレクトに出るのでおいしいお酒を造っている酒蔵のものを使うというのが、鉄則です。私が贔屓にしているのは金沢の酒蔵「福光屋」の酒粕です。今回使った純米吟醸酒粕は純米吟醸酒を搾ってできるペースト状の酒粕で一年中手に入ります。ふくよかな味わいで気軽に使えるパック入りです。

里芋やカリフラワーに合わせて白いとろりとしたスープを作ったり、豚バラ肉や鮭と白菜で酒粕鍋にしたり。煮ものやタレにコクを出したい時の隠し味にも使っています。酒粕は寒い時季、とても滋味深い味わいをもたらしてくれる調味料です。

昔からの優れた食材と知恵を改めて知ったのですからブームで終わらせずに、これからも大切なものとして使い続けていきたいですね。

酒粕と里芋のポタージュ

材料（作りやすい分量）

里芋……大3個
玉ねぎ……1/2個
純米吟醸酒粕……大さじ3
バター……10g
かつおだし……400mℓ
塩……適量

①里芋は皮をむき半分に切って塩でもみ洗いしてぬめりを取る。玉ねぎは薄切りにする。
②鍋にバターを溶かし①を炒め、塩をふってフタをして中火弱で3分蒸す。かつおだしを300mℓ加えフタをして弱火で里芋がやわらかくなるまで煮る。
③純米吟醸酒粕を加えて溶かす。
④ミキサーにかけ鍋に戻し、ここで残りのかつおだしを様子を見て加える（濃度を加減しながら）。中火弱で温めて、塩で味をととのえる。

montebello
Lo

粗ごしトマト

トマト水煮缶を使っていた頃は全部使い切れなかった水煮をどう保存するか悩みどころでした。400㎖の量をすべて使う時はすっきり晴々した気持ちですが、200㎖や、もっといえば、隠し味にひとさじのトマトの水煮がほしい時などは、缶を開けるのが嫌で、なかったことにしてしまおうかな？　と思うほど。残りをプラスチック製の密閉容器に入れると色がついてしまうし、ファスナー付きの袋に入れたら使いづらいし、と私の中には常に後処理問題がありました。

ある時、半端に残った水煮をジャムの空き瓶に入れたら、後で使う時にもとてもスムーズでした。あれ？　それなら、はじめから瓶に入っているものを買えばいいのでは？　と思ったのです。そういえば、缶詰の横には瓶詰が棚に並んでいましたが、トマトの水煮は缶詰という、どこかで決めてしまっているところがありました。

瓶詰は少し量が多いですが、残りはそのまま冷蔵庫のトビラに収納できて、今までの厄介な後処理がいりません。それよりもなによりも、この瓶詰はトマトの味が濃く、塩だけでトマトソースを短時間で作っても時間をかけて煮詰めたような濃い味わいのソースができます。シンプルにおいしかったのです。以来、トマトの水煮といえば、この瓶の粗ごしトマトを愛用しています。忙しい朝、このトマトをさっと煮て、卵を落とせば簡単で栄養のある朝ごはんになります。煮込み料理の隠し味に少量のトマトがほしい時にも冷蔵庫に使いかけのものがあればさっと使えます。常備しておくと、なにかと便利なトマトの瓶詰です。

牛すね肉のトマト煮込み

材料（作りやすい分量）
- 牛すね肉……400g
- 玉ねぎ……1/2個
- にんじん、セロリ……各1/2本
- にんにく……1/2かけ
- トマト水煮（瓶詰）……300mℓ
- クミンシード……小さじ1
- ローリエ……1枚
- オリーブオイル……大さじ2
- 水……200mℓ
- 粗塩、黒胡椒……各適量

①牛すね肉は室温に戻して12等分に切る。粗塩、黒胡椒、クミンシードをふる。玉ねぎ、にんじん、筋を取ったセロリを薄切りにする。にんにくは軽くつぶす。

②鍋にオリーブオイルを熱し、すね肉を焼きつける。玉ねぎ、セロリ、にんじんを加えてしんなりするまでよく炒め、粗塩少々をふってフタをして弱火で5分蒸し煮する。

③トマト水煮、水、ローリエを加えて全体を混ぜ、フタをして中火でひと煮たちさせ、弱火にして時々、混ぜながら1時間半〜2時間、煮る。途中、粗塩、黒胡椒をふり、味をととのえる。

Dill
Chives & Rosemary
Common thyme & oregano
Rucola
Lemon balm

フレッシュハーブ

ハーブを料理に使うことはハードルが高いと思っている人もまだまだ多いと思います。どう使っていいかわからないというのがあると思いますが、まず自分で好きだなぁと思える香りを知ることからはじめてみるのはどうでしょうか？

スッとさわやかな香りやほのかに甘い香り、キリッと濃いグリーンの香り、どこか香ばしいごまのような香り。好きな香りを見つけて、そのハーブがどんな素材と合うのか、どんな料理によく使われるのかを知ったり想像すると、ハーブを楽しみながら料理に取り入れられるようになるかもしれません。

ハーブの役目は素材の味との相性を存分に引き出すこと、はたまた、臭みを消す役割もあります。また、少し添えるだけでも料理の香りがグンッとよくなって食欲をそそる効果も。ハーブを使うと料理に奥行きが出て、味わいも、料理の楽しみも深くなると思います。

今までは私もハーブといえば、どこかで香る添えもの、引き立て役とばかり思ってきました。ハーブが主役になれると知ったのは「おおがファーム」のハーブを食べてからです。ハーブってこんなにおいしいものだった？　そしてこんなにたくさん食べるものだっけ？　と。今まで知らなかったハーブの魅力を知りました。

なにより、ハーブの花ってこんなにも、かわいいのですね、うっとりしてしまいます。このハーブサラダはハーブを食べるための、ひと皿です。「おおがファーム」のハーブは力強さと魅力にあふれています。

飾りだけではなくハーブをもっと料理に取り入れて、たっぷりと楽しんでほしいなと思います。未知のおいしさに出会えるはず。

ハーブサラダ

材料（2人分）

ハーブ……50g
（コリアンダー、ルッコラ、ディル、レモンバーム）
オレンジ……2個
オリーブオイル……大さじ1
白バルサミコ酢……小さじ2
粗塩、黒胡椒……各適量

① ハーブは茎から葉をつみ、合わせてさっと洗い水気をしっかりきる。
② オレンジは房から実を取り出す。
③ ボウルに①②を合わせオリーブオイルをまわしかけて白バルサミコ酢、粗塩、黒胡椒をふり、全体をさっと混ぜる。

SAN GIULIANO

ブルーチーズ

青カビチーズは強烈な香りと味の持ち主です。ブルーチーズと聞いただけで嫌がる人もいるかも？　それくらい個性がありますが、私はけっこう好みのタイプ。チーズも人もひとクセある方が、おもしろみがありますからね……。

ただ、ブルーチーズは塩気が強いものもあるので、そのまま食べるよりも料理に使うとそのおいしさをさらに発揮してくれるおもしろさがあります。

独特の香りに辛味を感じるものもありますが、たとえば、パスタのソースにすると塩気も辛味もやわらいで、パスタとからむことでまろやかな味のソースになります。ベルギーチコリとリンゴを合わせたサラダにもブルーチーズはつなぎ役としてなくてはならない味の要になります。

塩気を生かして甘塩っぱい味も楽しめます。少しビターなオレンジマーマレードとブルーチーズを合わせて黒胡椒をたっぷり挽きます。この組み合わせはいろいろな方向の味を楽しむものですが、ブルーチーズがやはりいいつなぎ役をしてくれて、ほかのチーズでは成り立たない組み合わせ。甘塩っぱい味が後を引いて、ちょっとしたおつまみになります。

トーストでも楽しめます。マーマレードとブルーチーズとカリッと焼いたベーコンを合わせてトーストしたパンの上にのせると、なんともおいしい甘塩っぱいオープンサンドのできあがり。

ブルーチーズを塩気とコクのある調味料として考えるのがオススメ。熱々に蒸したポテトにのせてトロリと溶かし、黒胡椒をたっぷりふるのもおいしいですよ。

ブルーチーズとマーマレードの春巻き

材料（6個分）
ブルーチーズ（ロックフォール）……25g
マーマレードジャム……大さじ1
黒胡椒……適量
春巻きの皮……3枚
オリーブオイル……少々
薄力粉……適量
（水で溶いてのりを作っておく）

①春巻きの皮は斜め半分に切る。
②①にブルーチーズ、マーマレードをのせ、黒胡椒をたっぷりふる。
③手前から両端も折りたたんで巻き終わりに薄力粉を水で溶いたものをつけて、とめる。同じように6個作る。
④上面にオリーブオイルを薄くぬり、トースターか180℃のオーブンで焼き目がつくまで焼く。

バター

バターの風味とはなんていいのでしょう。仕上げにバターをひとかけ落とすと、ふわっと香りがよくなって料理が丸くやわらかいベールに包まれたようになります。

ハーブとの相性もいいので、私はよくタイムと合わせます。タイムの甘い芳香と少し塩味のあるバターの味わいは、ふたつ合わさることで、ひとつの調味料のようになります。白菜のように淡白で水分の多い白い野菜をバターとタイムだけで蒸し煮にすると、どこまでもやさしく、静かなおいしさが生まれます。キッチンにこの温かな湯気がふわりと舞うだけで、冬の静かな朝のようなきれいな光に包まれて、やさしいひと皿が完成します。バターの風味はこんな時に引き立ちます。

無塩バターも乳の味わいがより感じられておいしいですが、普段使いやすいのはやはり有塩のものと思います。ほどよく塩気がある方がほかの素材となじみやすいように思うからです。家で作るシンプルな焼き菓子にも私は有塩を使います。少し塩気のあるバターの味わいを好むのは子どもの頃から慣れ親しんだものだから、かもしれません。

たっぷりのサイズのバターは、しばらく使う分を小分けにして、残りも小分けにして冷凍します。冷蔵庫から出したり、しまったりすることが多いので、なるべく小分けにしてよい状態のものを使いたいからです。

粗塩が入っているフランス産のバターも、ときに好んで使います。料理に、というよりはそのままバターを楽しむ時に。カンパーニュなどの噛みしめるタイプのパンや蒸し野菜にたっぷりと添えます。

大きないちじくやアプリコットのドライフルーツにのせてワインのお供にする時にも、粗塩入りのバターがおもしろいアクセントになってくれます。

白菜のバター蒸し

材料（2～3人分）

白菜……1/6個
バター……25g
タイム……2本
粗塩……適量

①白菜は食べやすい大きさに切る。芯はそぎ切りにする。
②鍋に①とタイム、バターを4～5等分にして散らし、粗塩をふたつまみふってフタをする。
③中火弱で12分蒸し煮にする。全体を混ぜ、味をみて塩で調味する。

ピーナッツバター

ピーナッツバター好きの間で評判の「HAPPY NUTS DAY」のピーナッツバター。友人の料理家やお菓子研究家の間でもとても好まれています。私もその口コミの評判から、食べてみたひとり。ピーナッツバターのおいしさがギュッとすべて詰まっています。ピーナッツそのものがギュギュッと詰まっているといった方がよいかもしれません。

甘さも、粒のサイズも、全体のバランスがよいのです（粒なしもあります）。なんといっても瓶を開けた時の香りのよさ。このピーナッツバターを食べてしまったら、ほかのものには戻れないかもしれません。カリッと焼いた食パンにピーナッツバターをたっぷりぬる朝は至福の時。太るから習慣にしてはいけないと思うのに、毎朝、冷蔵庫を開けた時に目が合ってしまうと、もうピーナッツバタートーストのことしか考えられなくなってしまう、禁断の味。

濃厚でありながら、オイリーではなく、ピーナッツの味がストレートに伝わってくるので料理にも使えます。カリフラワーやカブなどの淡白な野菜にこの濃厚なピーナッツバターをディップソースにしてみると……。どこか懐かしい味で、ついつい手が出てしまうディップソースができました。フレッシュなラディッシュに添えて白ワインと、なんていうのもいいですね。

食べ切れないなんていうことはおそらくなく、トーストだけでひと瓶、あっという間に食べ終わってしまうのですが、もし使い切れないという時には、こんなふうに料理に使ってみてください。

ピーナッツバターディップ

材料（作りやすい分量）

ピーナッツバター……大さじ2
みそ……小さじ1・1/2
はちみつ……小さじ1
しょうゆ……小さじ1/4
牛乳……小さじ1・1/2
オリーブオイル……小さじ1
カリフラワーなど……適量

①ピーナッツバターに調味料を順に加えてその都度よく混ぜる。
②蒸したカリフラワーに添える。
※蒸した野菜のほかに、ラディッシュやにんじんなど生野菜にも。

純胡椒

知り合いから「こういうものを作っている知人がいるから紹介するよ。まずは食べてみてね」と送ってもらったのが、純胡椒との出合いでした。

瓶詰の類いは常々、うーん……、加工されすぎてしまっているというか、残念なものが多いように感じているのですが、この純胡椒は生の胡椒の塩漬けで、これは使い方次第で料理の幅が広がるなぁと思いました。

「仙人スパイス」の高橋さんはインドネシアに仕事で行った際に生の胡椒のおいしさに魅せられて、この純胡椒を作るようになったのだそう。自ら収穫し、製造、瓶詰、販売までほぼおひとりでされているそうで、一年の半分はインドネシアに滞在しているとか。「塩漬けしているから生の胡椒ではないんですよね……」と少し残念そうに話していましたが、この塩気がおいしさのポイントなのでは、と私は思っています。

ピリリッとした胡椒特有の辛味と塩気のバランスがとてもよいのです。そのまま食べるとツン！　と辛味が際立ちますが、なにか素材と合わせると辛味が丸みをおびたようになり、料理の中でいいアクセントになります。粗めに刻んでシンプルなパスタにしてもよいですし、お刺身に添えてワサビ代わりに、なんていうのも。お肉に合うのは想像しやすいですが、カルパッチョやアクアパッツァのような魚料理にも使えます。

そう、この前は大きめのドライいちじくに、常温に戻したやわらかいバターをのせて、その上にこの純胡椒をホールのまま2〜3粒のせてみました。甘塩っぱい中に、辛味がアクセントになっていい前菜になりました。

胡椒タルタル　ブルスケッタ

材料（作りやすい分量）
真鯛（刺身）……120g
アボカド……1/2個
赤玉ねぎ……1/8個
純胡椒……6g
白バルサミコ酢……小さじ2
オリーブオイル……大さじ1
粗塩……適量
バゲット……8〜10切れ

①赤玉ねぎは細かく刻んで粗塩をふり、水にさらしてしばらく置き辛味を取り、水気をふく。純胡椒は粗めに刻む。
②刺身は細かく切る。アボカドも同じように切る。
③①②を合わせて白バルサミコ酢、オリーブオイル、粗塩を混ぜる。カリッと焼いたバゲットに③をのせオリーブオイル（分量外）をさっとかける。

餃子の皮

餃子が無性に食べたくなる時ってありますよね。焼き餃子か水餃子か悩みどころではありますが、暑い日は焼き餃子が、ちょっと肌寒い日はテーブルで湯気までがご馳走の水餃子が食べたくなります。焼き餃子に酢じょうゆとラー油をつけて熱々のごはんと頬張る、なんて想像するだけで今日は餃子にするぞ！　と今にも決めてしまいそうです。そんな餃子好きな私、じつは子どもの頃は餃子が嫌いでした。夕食が餃子と聞くと、テンションは下がりっぱなし。今ではなんで嫌いだったかすっかり忘れてしまいましたけれど……。

餃子の中身をあれこれアレンジしやすいのは水餃子。あまり決まりごとにとらわれずに、季節や気分に合わせて具材を変えます。豆苗やオクラ、小松菜やニラなど野菜中心の水餃子。焼き餃子は白菜かキャベツのどちらかと、ニラを入れて豚バラ肉を包丁でたたいて少量……と、こちらも野菜が多めの方がおいしいなと思っています。さて、そこで問題は餃子の皮です。おいしい餃子の決め手は中身はもちろんですが、皮も重要です。

時間の許す時は皮から作ります。これはとても楽しい作業ですが、時間がかかります。毎回、とはなかなかいきません。そして、こんなにおいしい皮があるなら、手作りしなくなっちゃうかもと思う皮があるのです。それは鎌倉にある「邦栄堂製麺」の餃子の皮。ここは数々のラーメン店に中華麺を卸す製麺所ですが、餃子の皮もとてもおいしい。いつも鎌倉に住む友人に頼んで買ってきてもらっています。焼き餃子にも水餃子にもどちらに合うちょうどよい厚みでツルンとしつつ、モチモチとして。これさえあれば、安心の餃子の皮。冷凍もできるので一度にたくさん頼んで常備しています。

焼き餃子

材料（16個分）
餃子の皮（大判）……16枚
豚バラ肉……150g
白菜（みじん切り）……3枚
ニラ（みじん切り）……6本
塩、きび砂糖、しょうゆ、ごま油……各小さじ1
太白胡麻油……大さじ1
ごま油……小さじ1
水……80mℓ

①白菜は塩小さじ2/3をふっておいておく。
②豚バラ肉は包丁で細かくたたき、ニラを混ぜ、残りの塩、きび砂糖、しょうゆを加えてよく混ぜる。
③白菜の水分をしっかりしぼって②に加えて混ぜ、ごま油を加えてさらによく混ぜる。
④餃子の皮の中央に③を1/16量おき、端に水をつけてひだを寄せて、包む。同じようにして16個、包む。
⑤フライパンに太白胡麻油をよく熱し、中火強で④を並べて水を注ぎ、フタをして中火弱で水分がほぼなくなるまで蒸し焼きする。
⑥水分が少なくなったら、フタを取り、強火にしてごま油を鍋肌からまわし入れ、しっかり焼き目をつける。

コチュジャン

甜麺醤に豆板醤、コチュジャンのようなジャンと呼ばれる濃厚な調味料は甘みや辛味、味わいに深みをもたらしてくれる、おいしい調味料。でも、コレ！　と思うものにはなかなか出合えずにいました。ないと困るから、いつも行くスーパーに置いてあるメーカーのものを、なんとなく買っていたというのが現実。

いろいろな材料を使うジャンの原材料は複雑な分、なにが入っているのか、わからないものは嫌だなぁとも思っていました。最近、コレは！　と思うものに出合えた「ごはん屋ヒバリ」の自家製コチュジャン。ヒバリのタナカセイコさんの作るお料理はどれも素材がしっかりしていてシンプルな中に組み合わせの妙が光るものばかり。素材とまじめにきちんと向き合っているであろうということがお料理からもご本人からも見て取れます。セイコさんの作る自家製ハムのおいしさはお店の評判とともに高いのですが、自家製といわれないと、わからないほどの完成度で、完璧なのです。とことん研究する姿勢に、いつも感服します。

ハムの話はまたいつかすることにして……、ヒバリ自家製コチュジャンは、辛味の中に甘みのやさしさがあります。原材料もいたってシンプル。餅米、米麹、豆麹、唐辛子、塩。ここからどうやってこの味が生まれるのだろう？　と思うくらい深みのあるまろやかさ。豆麹がこのコチュジャンの要かな？　と勝手に分析していますが、食べるとこの豆麹が少し粒状で残っているのがまたおいしいのです。素材を大切にする人がていねいに作ったものは愛情のこもった味わいがあります。

コチュジャン麺

材料（2人分）

きゅうり……1本
卵……1個
キムチ……200g
韓国海苔……1/2枚
素麺（半田麺）……2束
コチュジャン……小さじ2
ごま油……大さじ1
塩……適量
酢……適量

①きゅうりは皮をむき縦半分に切って斜め薄切りにする。キムチはざく切りにする。卵は沸騰した湯に入れて8分茹でて殻をむく。
②ボウルに刻んだキムチとコチュジャン、ごま油、塩を加えてよく混ぜる。
③素麺をたっぷりの湯で茹でて、流水に取り水気をしっかりきる。
④器に素麺を盛り、②をたっぷりのせて、きゅうり、半分に切った茹で卵、ちぎった韓国海苔を盛りつける。好みで酢をまわしかけ、全体をよく混ぜて食べる。

紹興酒

エビの塩炒め、豆苗のしょうが炒め、しじみの豆豉蒸し……。熱々できたてに紹興酒を一杯。なんて想像をすると、よく合いそうだなと思いませんか？

ということは、料理に使っても合うということです！

少々、強引？　いえいえ、そんなこともないのです。私は紹興酒を調味料として常備しています。中華にはもちろん、エスニックな味つけには日本酒より紹興酒の出番。

ほんのりとした甘みとかすかな酸味、コクのある味わいは下味をつけて漬け込むような時や炒めものに、いい働きをしてくれます。シンプルな炒めものには、なおのこと。コクが加わって、塩だけで味つけしても深みが出ます。

蒸しものに使うとダイレクトに紹興酒の味になりますが、それもまたおいしいもの。鯛などの白身の魚に、細切りのねぎとしょうがをたっぷりのせて、紹興酒をかけて蒸すだけで、ふくよかな味わいのごちそうになります。

料理に使う紹興酒は立派なお値段のものである必要はありません。手頃なもので料理酒としては充分。もちろんできあがった料理に合わせてちょっと一杯、なんていうことにもなりそうですが……。

紹興酒を調味料として使ってみると、いつもの炒めものや蒸しものがひと味も、ふた味も変わります。大根やきゅうりの漬物も赤唐辛子やしょうが、八角と一緒に紹興酒を使って漬ければ、おいしい中華の漬物のできあがり。

中華に限らず、柔軟な発想で紹興酒を調味料として使ってみると、いつもの料理から、レパートリーが広がるかもしれませんね。

味つき鶏手羽

材料（作りやすい分量）

鶏手羽（中）……400g
にんにく……1/3かけ
しょうが……1/2かけ
赤唐辛子……1本
薄口しょうゆ……小さじ2
きび砂糖……小さじ1/2
粗塩……少々
カレー粉……小さじ1
紹興酒……大さじ2
ごま油……小さじ1
揚げ油……適量
香菜……適量

①手羽中は洗って水気をふき、すりおろしたにんにく、しょうが、種を取って半分に切った赤唐辛子と調味料を入れてよくもみこみ、密閉して冷蔵庫で1時間以上漬け込む。
②フライパンに揚げ油を2㎝高さ程度に注ぎ、①を入れる。火をつけて、中火弱でじっくりと手羽中に油をかけながら、揚げる。
③油をしっかりきり、香菜を添える。

クミン

スパイスというとどう使ったらいいのかわからないから手を出さない、本格的なカレーを作ってみたくてスパイスを揃えてはみたけれど、使い切れずにそのまま……なんていう人も多いのでは？　たしかにそういったことは否めないのですが、スパイスを取り入れると料理が楽しくなりますよ！　とこれは断言しちゃいます。

「あれ？　これはなにが入っているの？　なにで味をつけたの？」と遠くの方にかすかな香りや辛味が頭の中をよぎります。スパイスには味を重ねていく楽しさがあります。

スパイスを使いこなす入口としてクミンが私のオススメ。種子のままの形状のクミンシードと粉状のクミンパウダー、どちらもよく使いますが、まずは、シードを使ってみると楽しいです。

クミンがどんなスパイスかといえば、カレーには必ずといっていいほど使われているので、香りをかいでみると、「あぁ、これね！」と、誰しもがどこかで知っている香りです。

クミンシードはキャベツの塩もみにふるだけで、じゃがいもを粉ふきにしてクミンシードとたっぷりのレモンをしぼってざっと和えるだけで、とたんに異国へ出かけたような味に。これらはカレーのつけ合わせにもいいですし、ライ麦パンで作るサンドイッチの具材にしてもよく合います。

トマトとの相性もよいので、トマト煮込みにクミンを使うと今までのこしょうだけだった時にはない奥行きのある味になります。

まずはこしょうの代わりにクミンを使ってみるといいかもしれません。スパイスのはじめの一歩には、クミンをどうぞ。

クミンポテト

材料（2～3人分）
じゃがいも……中2個
新玉ねぎ……1/2個
レモン汁……大さじ1・1/2
クミンシード……小さじ2
白ごま……小さじ1
粗塩……適量

①じゃがいもは皮をむき、8等分に切る。新玉ねぎは粗みじん切りにする。
②鍋にじゃがいも、水をたっぷり入れ、中火にかけて竹串がスッと通るまで茹でる。新玉ねぎを加えてさらに1分、茹でる。
③水分をきり、弱火で水分をとばすように、粉ふきにする。
④火を止め、クミンシード、白ごま、レモン汁、粗塩をふってざっと混ぜる。皿に盛り、レモンはさらに好みでしぼってもよい。

ナッツ類

アーモンド、カシューナッツ、ピーナッツは料理の食材として常備しています。和えものや、サラダ、炒めものなどに少しボリュームを出したい時やコクをプラスしたい時にナッツ類を刻んで加えます。ボリュームやコクに加えてなにより、食感に奥行きが出ます。

和えものに使う白ごまの代わりに細かく刻んでみたり、粗めに刻んで蒸した魚にのせたり。ほかの食材とのバランスで刻み方を変えるとひとつの料理の中で食感が増えて、味わいが豊かになります。

特にアーモンドは、あれこれと使いやすいナッツです。アーモンドを練りごまのようにペースト状にすれば、和え衣として和食にも使えます。ハーブや葉野菜を使ったサラダには、香ばしく煎ったアーモンドを粗めに刻んで加えると所々でナッツの歯ごたえと香ばしさが引き立っていい役目をしてくれます。アボカドのようなやわらかい食感のものと合わせると、まったく違う食感同士でこれもまた、よいハーモニーが生まれます。ハンバーグや肉みそのようなひき肉料理に使うと、カリッとした食感がアクセントになります。

カシューナッツは、中華料理でもおなじみですが、炒めものにはとても合いますね。

ピーナッツは、炊き込みごはんにも使います。塩昆布や塩鮭のような塩味のものと一緒に炊き込むと、あっさりした味に、ナッツの香ばしさが引き立ちます。大根やにんじんのなますのようなしっとりとしたものにも、刻んだピーナッツがよく合います。

ナッツを数種類、常備しておくと、ちょっとひと素材、足したいなという時に活躍してくれます。

鯛とパプリカのワイン蒸し　アーモンドがけ

材料（2人分）
鯛……2切れ
パプリカ（イエロー、レッド）……各1/2個
イタリアンパセリ……4本
アーモンド……40g
白ワイン……40㎖
オリーブオイル……小さじ2
粗塩……適量

① 鯛の切り身に粗塩をふりしばらくおいて出た水分をおさえる。
② アーモンドは小さなフライパンか鍋に入れて弱火で6～7分ほど焦げないように乾煎りする。粗めに刻む。
③ パプリカは8等分の縦切り。イタリアンパセリ2本は葉を刻む。
④ 浅鍋にオリーブオイルを熱しパプリカ、鯛、イタリアンパセリ2本をのせ白ワインをふって、フタをする。中火弱で8～10分蒸し、粗塩をふる。
⑤ ④を皿に盛り、アーモンドと刻んだイタリアンパセリを合わせてたっぷりとふる。

de ROMARIN
Lou Camp d'Andriou

はちみつ

料理に、はちみつをよく使います。ドレッシングやタレに、煮込みにと、あると便利です。すっかり私ははちみつを調味料と位置づけて常備しています。

はちみつのいいところはコクとまろやかな甘み、ツヤも出て、ほかの調味料としっとりとなじむところでしょうか。ドレッシングやタレに砂糖ではなく、はちみつを使うとほんのりとした甘みとコクが加わり、水分としても作用するので液体としてのよさがあります。卵黄と合わせたドレッシングはツヤツヤと黄金色。そのツヤがおいしそうという食欲につながります。いちごやビーツのような赤いものにかけたらそれはもうお菓子のような甘い誘惑になります。

ひとことで、はちみつといっても、花の種類はいろいろで味にも個性があります。はちみつをそのまま楽しむ時は個性のある、たとえば栗のはちみつなどもおもしろいですが、はちみつを調味料として料理に使う際は、あまり個性的なものよりシンプルな味わいのレンゲやアカシアなどがオススメ。とはいえ、味をみておいしい、これは料理にも使えると思えるようなクセのある好みのものを見つけると、もっとはちみつを楽しめます。

最近のお気に入りはモナコ王室御用達というはちみつ。はじめはその佇まいに魅せられました。瓶から覗く琥珀色や黄金色の蜜は、なんとおいしそうな顔をしているのだろうと思いました。ラベルや佇まいもさることながら、その味はというと……。これが驚くほどこっくりとして、深みのある上質な味。ローズマリーのはちみつやクリーム状のはちみつなど、数ある種類からどれも試してみたくなるものばかり。少しずつお気に入りの味を見つける楽しみが増えました。料理に使ってばかりでは少し贅沢ですけれど。

いちごとビーツのはちみつサラダ

材料（2人分）
いちご……小粒20個
ビーツ……1/2個
卵黄……1個分
はちみつ……小さじ1・1/2
赤ワインビネガー……小さじ1
オリーブオイル……大さじ1・1/2
粗塩・黒胡椒……各適量

①ビーツは3～4等分に切ってたっぷりの水からやわらかくなるまで茹でる。水気をふき、ひとくち大に切る。いちごはヘタを取る。
②ボウルに卵黄とはちみつ、粗塩を入れて泡立て器でよく混ぜる。ふんわりとしてきたら赤ワインビネガー、オリーブオイルを加えてよく混ぜ、黒胡椒をたっぷりふる。
③②に①を入れ全体にざっと混ぜる。

問い合わせ先

本書で紹介した料理道具は、著者の私物です。
同じ商品が現在も入手できるとは限りません。
詳細に関しましては、問い合わせ先に確認してください。
なお、データは２０１５年９月現在のものです。

料理道具

p.10 ツヴィリング ツイン セルマックスM66
ペティナイフ

p.18 ストウブ ピコ・ココット ラウンド18cm

ツヴィリングJ.A. ヘンケルス ジャパン株式会社
0120-75-7155（お客様相談室）
http://www.zwilling.jp/
http://www.staub.jp/

p.10 照宝 まな板27cm／30cm

照宝
神奈川県横浜市中区山下町１５０
☎045-681-0234
http://www.shouhou.jp/

p.14 クリステル Lエル22cm
p.42 オールラウンドボウルズ フルセット
p.82 クリステル用保温カバー ホット・キルト
p.94 バーミックス

チェリーテラス代官山
東京都渋谷区猿楽町29-9 ヒルサイドテラスD棟1階
☎03-3770-8728
http://www.cherryterrace.co.jp/top

p.22 小笠原陸兆 ミニパン大（フタ付き）

リアルジャパンストア
0120-965-905
http://www.realjapanstore.com/fs/rjps/406o001km001f

p.26
VOLLATH WEAR-EVER
セラミガードフライパン26㎝
有限会社 東洋商会
東京都台東区松が谷1-11-10
☎03-3841-9009(代表)
http://www.okashinomori.com/

p.30
飯炊釜　二合
くらしの器　田園調布いちょう
東京都大田区田園調布3-1-1
ガデス田園調布ビル2階
☎03-3721-3010
http://www.ichou-jp.com/

p.34
竹俣勇壱　サーバー
KiKU
石川県金沢市新竪町3丁目37番
☎076-223-2319
Sayuu
石川県金沢市東山1丁目8-18
☎076-255-0183
http://www.kiku-sayuu.com/

p.38
ののじ穴明きオタモ(小)
株式会社レーベン販売
神奈川県横浜市西区北幸2-8-19　横浜西口Kビル4F
☎050-5509-8340
http://shop.yokohama-city.co.jp/i-shop/top.asp

p.46
ラバーゼ
ステンレス角プレート21㎝
ステンレス角ざる21㎝
ステンレス角バット21㎝
和平フレイズ株式会社
新潟県燕市物流センター2-16
☎0256-63-9711
https://labase.jp/

p.50 佐渡産竹の盆ざる(33㎝)
p.62 鬼おろし
p.70 ウエストマーク社　チェリーストーナー
株式会社釜浅商店
東京都台東区松が谷2-24-1
☎03-3841-9355
http://www.kama-asa.co.jp/

p.54
LÄMPLIG まな板
イケア・ジャパン株式会社
☎0570-01-3900（カスタマーサポートセンター）
http://www.ikea.com/jp/ja/

p.58
TUTU（筒） S・M・L
野田琺瑯株式会社
東京都江東区北砂3-22-22
☎03-3640-5511
http://www.nodahoro.com/

p.66
金網つじ
手編み手付きセラミック付焼き網（大）
京都府京都市東山区高台寺南門通下河原東入枡屋町362-5
☎075-551-5500
http://www.kanaamitsuji.com/

p.74
佐藤計量器 肉用温度計ミートサーモ
株式会社佐藤計量器製作所
東京都千代田区神田西福田町3番地
☎03-3254-8111
http://www.sksato.co.jp/

p.78
卵焼き器（縦15㎝×横15㎝）
有次錦店
京都府京都市中京区錦小路通御幸町西入ル
☎075-221-1091

p.90
バイタミックス
株式会社アントレックス
東京都新宿区新宿2-19-1 BYGS 7F
http://www.vita-mix.jp/

p.100

つや姫
井上農場
山形県鶴岡市渡前字白山前14
☎0235-64-2805
http://www.inoue.farm/

p.104

ディヴェッラ
スパゲッティリストランテ#08
株式会社 メモス
大阪府大阪市中央区南久宝寺町2-2-7
イタリアビル
☎06-6264-5151（食品部）
http://www.memos.co.jp/

p.104

セタロ・ストロザプレティ
セントラルシティ商事株式会社
愛知県名古屋市守山区城土町221-2
☎052-793-8731
http://www.centrad.co.jp/ef

p.108

鰹節 別製削
株式会社 伏高
東京都中央区築地6丁目27-2
☎03-3551-2661
http://www.fushitaka.com/

p.108

羅臼昆布
株式会社奥井海生堂
福井県敦賀市神楽1丁目4-10
0120-520-091
http://www.konbu.co.jp/

p.112

はごろもの塩（細塩）
株式会社パラダイスプラン
沖縄県宮古島市平良字久貝870-1
0120-040-155
http://www.shop-ma-suya.jp/

p.112

奄美大島加計呂麻島の塩（粗塩）
FOOD FOR THOUGHT
http://520fft.tumblr.com/

p.116

京酢　加茂千鳥
村山造酢株式会社
京都府京都市東山区
三条通大橋東入る3丁目2番地
☎075-761-3151
http://chidorisu.co.jp/

p.116

純米富士酢
株式会社飯尾醸造
京都府宮津市小田宿野373
☎0772-25-0015
http://www.iio-jozo.co.jp/

p.120

フレスコバルディ・ラウデミオ
チェリーテラス代官山
http://www.cherryterrace.co.jp/product/laud/

p.120　p.136

バルベーラ ロレンツォ No.5
エキストラ・ヴァージン・オリーブオイル
モンテベッロ　パッサータ・ルスティカ
モンテ物産株式会社
東京都渋谷区神宮前5丁目52番2号
青山オーバルビル
0120-348-566
http://www.montebussan.co.jp/

p.120

アザーブラザー（スムース）／
カーメルバリー
GOOD NEIGHBORS' FINE FOODS
http://goodneighborsfinefoods.com/

p.120

プラネタ
エキストラ・ヴァージン・
オリーブオイル　D.O.P.
日欧商事株式会社
東京都港区芝三丁目2-18
NBF芝公園ビル4階
0120-200-105
http://www.jetlc.co.jp/

p.120

マルケス・デ・バルドゥエサ　メルラ エキストラ・ヴァージン・オリーブオイル

株式会社鈴商
東京都新宿区荒木町23番地
☎03-3225-1161（代表）
http://www.suzusho.co.jp/

p.124

ひらいでの菜種油

平出油屋
福島県会津若松市御旗町4-10
☎0242-27-0545

p.124

マルホン太白胡麻油

竹本油脂株式会社
愛知県蒲郡市浜町11番地
0120-77-1150
http://www.gomaabura.jp/

p.128

懐石 白味噌

株式会社 石野味噌
京都府京都市下京区油小路通四条下る石井筒町546
☎075-361-2336
http://www.ishinomiso.co.jp/

p.132

福正宗 純米吟醸 酒粕 福正宗 純米 板酒粕（季節限定）

株式会社福光屋
石川県金沢市石引2丁目8番3号
0120-293-285
http://www.fukumitsuya.com/

p.140

フレッシュハーブ

大神《おおが》ファーム
大分県速見郡日出町大神6025-1
☎0977-73-0012
http://www.ogafarm.com

p.144

ロックフォール AOP

世界チーズ商会株式会社
大阪府大阪市中央区天満橋京町3番6号
☎06-6942-5331
http://www.sekai-cheese.co.jp/

p.148

カルピス（株）特撰バター・有塩

カルピス株式会社
東京都墨田区吾妻橋1-23-1
0120-378-090
http://www.calpis.co.jp/

p.148

グランフェルマージュ セル・ドゥ・メール（粗塩）

有限会社イー・ティー・ジェイ
東京都中央区入船3-9-2佐久間ビル5階
☎03-3297-7621
http://www.etj-gourmet.co.jp/

p.152

ピーナッツバター（粒あり）

株式会社HAPPY NUTS DAY
千葉県山武郡九十九里町片貝6902-38
☎0475-78-3266
http://happynutsday.com/

p.156

純胡椒

仙人スパイス
東京都立川市上砂町1-3-6-19
☎042-537-7738
http://www.sennin-spice.com/

p.160

餃子の皮

邦栄堂製麺
神奈川県鎌倉市大町5-6-15
☎0467-22-0719
✉factory5615men@i.softbank.jp

p.164

コチュジャン

ごはん屋ヒバリ
東京都世田谷区砧8-7-1 2F
☎03-3415-4122
http://hibarigohan.com/

p.168

紹興酒

興南貿易株式会社
東京都稲城市百村2129-32
☎042-370-8881
http://konantrg.sakura.ne.jp/

p.172

クミン

株式会社インドアメリカン貿易商会
東京都杉並区成田西1-16-38
☎03-3312-3636
http://www.spinfoods.net/

p.176

食塩オイル不使用アーモンド

株式会社万直商店
千葉県流山市加4丁目3-3
☎04-7158-3317

p.180

レリュシュ デュ ベシロン

ローズマリーはちみつリキッドタイプ
灌木はちみつクリームタイプ

株式会社フレッシュクリーム
東京都目黒区自由が丘1-22-3
☎03-3723-6368
http://www.freshcream.jp/

渡辺有子

料理家。食、暮らしまわりのことを提案するアトリエ「FOOD FOR THOUGHT」で料理教室を開催。季節の素材を生かした、やさしくシンプルな料理が人気。また、センスあるライフスタイルにもファンが多い。著書に、『すっきり、ていねいに暮らすこと』（ＰＨＰ研究所）、『３６５日。小さなレシピと、日々のこと』（主婦と生活社）、『「献立」と「段取り」』（マイナビ）などがある。

撮影
五十嵐隆裕（ゴーニーゼロ）

ブックデザイン
渡部浩美

ＤＴＰ
株式会社ＰＨＰエディターズ・グループ

私の好きな「料理道具」と「食材」

２０１５年11月５日　第１版第１刷発行
２０１５年12月21日　第１版第２刷発行

著　者　渡辺有子
発行者　安藤　卓
発行所　株式会社ＰＨＰ研究所
京都本部　〒６０１-８４１１　京都市南区西九条北ノ内町11
文芸教養出版部
生活文化課　☎０７５-６８１-９１４９（編集）
東京本部　〒１３５-８１３７　江東区豊洲５-６-52
普及一部　☎０３-３５２０-９６３０（販売）
PHP INTERFACE　http://www.php.co.jp/

印刷・製本所　図書印刷株式会社

ISBN978-4-569-82830-5